Scherer/Maier

Kindertagesstätten

Kindertagesstätten

Handbuch
für Architekten, Investoren und Träger

Dipl.-Ing. Werner Scherer
Freischaffender Architekt

Dipl.-Ing. Walter Maier
Freischaffender Architekt

unter Mitarbeit von:

Dipl.-Ing. Michael Bauer
Dipl.-Ing. Hans-Joachim Bemman
Dipl.-Ing. Rolf Bendiek
Dipl.-Ing. Holger Demmer
Dr. Arno Loy
Dr. Franz Josef Schulte
Dipl.-Ing. Kirsten Weske

Rudolf Müller

Die Deutsche Bibliothek – CIP-Einheitsaufnahme

Kindertagesstätten :
Handbuch für Architekten, Investoren und Träger /
Werner Scherer ; Walter Maier
unter Mitarb. von: Michael Bauer ... –
Köln : R. Müller, 1997

ISBN 3-481-01250-0

ISBN 3-481-01250-0

© Verlagsgesellschaft Rudolf Müller
   Bau-Fachinformationen GmbH & Co. KG, Köln 1997
Alle Rechte vorbehalten
Umschlaggestaltung: Rainer Geyer, Köln
Umschlagfoto: Brebeck Photographie, Köln
Satz: Satzstudio Widdig, Köln
Druck: Schlütersche Druckerei GmbH & Co., Hannover
Printed in Germany

Der vorliegende Band wurde auf umweltfreundlichem Papier
aus chlorfrei gebleichtem Zellstoff gedruckt.

Vorwort

Der gesetzliche Rechtsanspruch auf einen Kindergartenplatz hat viele Städte und Gemeinden vor größte Probleme gestellt, da der Deckungsgrad teilweise gerade einmal 50 % betrug und sich annähernd zeitgleich die latente Finanznot der Kommunen bemerkbar machte.

Waren bisher öffentliche Bauten, zu denen auch Kindergärten gehören, oft Ausdruck von Prestige und Wirtschaftskraft, aber auch vom Geltungsbedürfnis einflußreicher Kommunalpolitiker, ist nunmehr die Notwendigkeit vorhanden, mit bescheideneren Mitteln die anstehenden Aufgaben zu lösen.

Während vielerorts Schwimmbäder geschlossen, Kultur-, Freizeit- und Sportangebote drastisch reduziert, Beteiligungen abgestoßen und Vermögensanlagen *versilbert* werden, stehen die Gemeinden im Bereich der Kindergärten vor dem Dilemma, als öffentlicher Träger der Jugendhilfe den Rechtsanspruch erfüllen zu müssen.

Neubauten für fünfgruppige Einrichtungen verursachten in der Vergangenheit nicht selten Kosten von DM 5 bis 6 Mio., teilweise auch noch darüber hinaus. Hierbei handelte es sich oftmals um Gebäude von höchster gestalterischer Qualität mit aufwendiger Technik und Ausstattung. Grund für diesen Aufwand war auch häufig ein übertriebenes Renommierbedürfnis, vor allem aber wenig effiziente Arbeit der staatlichen und städtischen Hochbauämter mit ihren langwierigen Entscheidungsprozessen.

Erhebliche Kostenüberschreitungen wurden und werden von den Entscheidungsträgern der öffentlichen Hände weitestgehend klaglos hingenommen.

Schon sehr frühzeitig hat die Stadt Köln die Errichtung von Kindergärten im Investorenmodell geprüft und erfolgreich umgesetzt. Von 1989 bis Ende 1996 konnten so 9000 Plätze neu geschaffen werden. Mit diesem Modell werden zwei Effekte erzielt: Durch den Verkauf des Grundstücks an den Investor fließt Geld in die Haushaltskasse, die Mieten, die im Durchschnitt DM 22,00 bis DM 27,00m^2 betragen, liegen deutlich unter den Beträgen der Eigenfinanzierung von Kommunalbauten mit der entsprechenden Kostenstruktur.

Gründe hierfür sind neben den durch Private erreichbaren niedrigeren Baupreisen die zum Teil erheblichen Steuervorteile des Investors, die der öffentlichen Hand, aber auch den freien, gemeinnützigen Trägern verwehrt sind.

Nicht zu verkennen ist bei diesem System aber auch, daß der Investor durch eine mangelhafte oder mindere Qualität der Gestaltung und Ausstattung ein Projekt errichten kann, das den Anforderungen an Städtebau, Architektur und Nutzung nur bedingt gerecht wird. Aus diesem Grunde ist ein umfassendes Raumprogramm mit klar festgelegten Qualitätsstandards wichtige Auswahl- und Übernahmevoraussetzung. Ein Wettbewerb schafft die Möglichkeit, auch unter gestalterischen Kriterien zu entscheiden.

Von daher kommt bei der Errichtung von Kindergärten grundsätzlich, besonders aber auch im Investorenmodell, dem Architekten in ganz besonderem Maße die Aufgabe zu, hier einen vertretbaren Ausgleich der Interessen herzustellen, also ein Gebäude mit gestalterischer Qualität bei Ausnutzung wirtschaftlichster Grundsätze zu planen und zu realisieren.

Mit vielen praktischen Hinweisen z. B. zum Raumprogramm, zum Unfallschutz und zu bewährten Konstruktionen bietet unser Buch Planern, Bauherren und Trägern bei der Realisierung ihres Vorhabens Unterstützung an.

Köln, im April 1997   Werner Scherer/Walter Maier

Inhaltsverzeichnis

1	**Einführung**	10
	Dr. Franz-Josef Schulte,	
	Dezernent für Kinder und Jugend der Stadt Köln	
1.1	Entwicklung des Kindergartenbaus	10
1.2	Bedeutung des Rechtsanspruchs auf einen Kindergartenplatz	10
1.3	Kombinierte Einrichtungen	14
2	**Grundlagen des Bauvorhabens Kindertagesstätte**	16
2.1	Grundlagenermittlung	16
	Bedarfsplanung	16
	Städtebauliche Situation	16
	Umnutzung vorhandener Gebäude	16
2.2	Träger von Kindertagesstätten	18
	Öffentliche Träger	18
	Freie Träger	18
	Sonstige gemeinnützige Träger	19
	Elterninitiativen	19
2.3	Träger als Bauherr	19
2.4	Investorenmodell	20
	Investor und Träger	20
	Aufgabenfelder	21
	Akquisition	23
	Investorenwettbewerb	23
	Eigenes Grundstück	35
	Finanzierung	35
	Wirtschaftlichkeitsberechnung	36
	Dr. Arno Loy	
	Rechtsanwalt, Steuerberater, vereidigter Buchprüfer	
	Pachtvertrag	43

3	Entwurfsgrundlagen	44
3.1	Anforderungen der Träger	44
	Pädagogische Anforderungen	44
	Raumprogramm	44
	Verkehrsflächen	45
	Gruppenräume	46
	Nebenräume/Gemeinschaftsräume	48
	Außenspielfläche	49
3.2	Beschränkung der Herstellungs- und Folgekosten	50
	Kostenvergleich	50
	Begrenzung der Investitionskosten	52
	Möglichkeit langfristiger wirtschaftlicher Nutzung	56
	Einsparungsmöglichkeiten bei Betriebskosten	57
	Unterhaltungskosten	59
3.3	Unfallschutz	62
3.4	Brandschutz	68
	Anforderungen/Vorschriften	68
	Hinweise zur Planung	68
3.5	Ökologie	70
	unter Mitarbeit von	
	Dipl.-Ing. Rolf Bendiek, Dipl.-Ing. Hans-Joachim Bemman	
3.6	Bauphysik	72
	Schall- und Lärmschutz bei Kindergärten	72
	Dipl.-Ing. Michael Bauer, Architekt	
	Wärmeschutz von Kindergärten	75
	Dipl.-Ing. Kirsten Weske	
3.7	Checklisten zur Grundlagenermittlung	78
	Pädagogische Grundlagen Städtebauliche Einfügung/Grundstück	78
	Besondere Anforderungen an die Bauweise, Ausstattung und Abwicklung	79

4	Konstruktionsempfehlungen	80
4.1	Fensteranlagen und Außentüren	80
4.2	Außenwandbekleidungen	82
4.3	Sonnenschutz für den Innenbereich	82
4.4	Innentüren/Sanitärtrennwände	84
4.5	Innenwandbekleidungen	86
4.6	Tragende Decken	87
4.7	Bodenbeläge	87
4.8	Treppen/Podeste	88
4.9	Umwehrungen	91

4.10	Deckenbekleidungen	91
4.11	Dachkonstruktion und Dachbeläge	92
4.12	Sanitärinstallation	92
4.13	Heizungsinstallation	96
4.14	Elektroinstallation	97
4.15	Einrichtung	99
4.16	Außenspielflächen *Dipl.-Ing. Holger Demmer Ingenieur für Garten- und Landschaftsbau*	104

5 Projektbeschreibung ... 124

5.1	Ausgangssituation	124
5.2	Aufgabenverteilung	124
	Initiator und Grundstückseigentümer	124
	Investoren und Bauherr	125
	Träger	125
	Genehmigungsbehörde	125
	Investorenmodell	126
	Pädagogisches Konzept	126
5.3	Projektdaten	126
5.4	Besonderheiten der Planung	128
	Zuordnungen/Ziele	128
	Flexibilität	129
	Energiekonzept	130
	Sonnenschutz und Belichtung	131
	Kostenreduzierungen	131
5.5	Abstimmung mit den Behörden	131
5.6	Baubeschreibung	132
5.7	Nutzflächenzusammenstellung	144
5.8	Kostenzusammenstellung	145
5.9	Konstruktionszeichnungen	148

Literaturverzeichnis ... 154

Abbildungsnachweis ... 155

Stichwortverzeichnis ... 156

1 Einführung

1.1 Entwicklung des Kindergartenbaus

Im Jahre 1839/40 errichtete Friedrich Fröbel, der *Vater der Kindergärten*, in Blankenberg/Thüringen seinen ersten Kindergarten. Knapp zehn Jahre später wandte er sich bereits an die 1848 in der Frankfurter Paulskirche tagende Nationalversammlung mit dem Anliegen, für alle Kinder einen Kindergartenplatz zu schaffen. Seitdem ist dieser Gedanke in die Welt gesetzt und wirkt – allerdings schon mehr als 100 Jahre – auf sein Ziel hin.

In der Folgezeit beschäftigte sich immer wieder mal das eine oder andere Fachgremium mit diesem Thema, so z. B. 1920 die Reichsschulkonferenz. Doch richtige Dynamik bekam dieser Gedanke erst Ende der 80er Jahre dieses Jahrhunderts, als er bei der Erarbeitung des neuen *Kinder- und Jugendhilfegesetzes* konkrete Gestalt in Form eines einklagbaren Anspruchs auf einen Kindergartenplatz annahm. Zwar blieb das neue Kinder- und Jugendhilfegesetz bei seinem Inkrafttreten am 1.1.1991 noch ohne den einklagbaren Anspruch auf einen Kindergartenplatz, aber das Thema war in die Politik übergesprungen und nun aus der politischen Diskussion nicht mehr wegzukriegen. So kam es, daß schon am 27.7.1992 der Gesetzgeber das noch junge *Kinder- und Jugendhilfegesetz* um eben diesen einklagbaren Anspruch auf einen Kindergartenplatz ergänzte. Das Datum für das Inkrafttreten legte er auf den 1.1.1996.

Seitdem hat jedes Kind mit Vollendung des dritten Lebensjahres bis zum Eintritt der Schulpflicht einen Anspruch auf einen Kindergartenplatz. Bis zum 31.12.1998 ist dieser Anspruch zwar noch in einzelnen Bundesländern (z. B. Nordrhein-Westfalen) durch sogenannte Stichtage etwas eingeschränkt. Doch das ist nur von vorübergehender Bedeutung. Ab 1.1.1999 gilt der Anspruch bundesweit und uneingeschränkt für alle Kinder von dem Tage, an dem sie das dritte Lebensjahr vollendet haben. Die Pflicht, diesen Anspruch zu erfüllen, obliegt den *örtlichen Trägern der Jugendhilfe*. Das sind die Kreise und kreisfreien Städte sowie die kreisangehörigen Gemeinden, die ein eigenes Jugendamt haben.

1.2 Bedeutung des Rechtsanspruchs auf einen Kindergartenplatz

Die Kommunen waren auf diesen Rechtsanspruch sehr unterschiedlich vorbereitet. Ganz grob läßt sich sagen: Die Kommunen in den neuen Bundesländern hatten aufgrund ihrer geschichtlichen Vergangenheit mehr Plätze, als sie zur Erfüllung des Rechtsanspruchs benötigten. Sie standen vor dem Problem, eine große Zahl von Plätzen, für die sie kein Geld und keine Kinder hatten, sozialverträglich abzubauen. In den westlichen Bundesländern war die Situation genau umgekehrt. Von rühmlichen Ausnahmen abgesehen, herrschte hier allerorts Platzmangel. Ganz besonders betroffen davon waren die großen Ballungsräume.

Die westlichen Kommunen haben auf die neue Herausforderung mit unterschiedlichem Elan und unterschiedlicher Begeisterung reagiert. In aller Regel haben sie die Größe der neuen Belastung beklagt. Aber es gibt auch Kommunen, die sich nicht lange mit *Lamentieren* aufgehalten haben, sondern sich der neuen Aufgabe schnell aus innerer Überzeugung und mit voller Kraft zur Verfügung gestellt haben.

Aus heutiger Sicht läßt sich feststellen, daß die Kommunen ihrer neuen Pflicht im großen und ganzen gerecht geworden sind. Sie haben den Einstieg in den einklagbaren Anspruch gemeistert, ohne daß es zu einer Prozeßlawine gekommen wäre. Allerdings war dies nur möglich, weil man vielerorts zu Provisorien sowie Hilfs- und Ersatzlösungen Zuflucht genommen hat.

1.2 Bedeutung des Rechtsanspruchs auf einen Kindergartenplatz

Hier liegt die aktuelle Aufgabe der Kommunen für die Zukunft. Sie müssen die vorübergehend ergriffenen Behelfsmaßnahmen durch ein ordentliches Platzangebot ersetzen und – soweit noch nicht geschehen – das Platzangebot so komplettieren, daß es auch dem am 1.1.1999 beginnenden *ungebremsten* Anspruch auf einen Kindergartenplatz gewachsen ist.

Diese Aufgabe stellt sich auch wieder von Bundesland zu Bundesland recht unterschiedlich. Vereinfacht läßt sich sagen: Die neuen Bundesländer haben – rein zahlenmäßig – eine ausreichende Versorgungslage, während dies in den alten Bundesländern weitgehend auch jetzt noch nicht der Fall ist (siehe Tabelle).

Für die einzelnen Bundesländer sehen die Zahlen wie folgt aus:

Tabelle 1.1:
Zahl der Kinder in 1000, die den Kindergarten besuchen, sowie Versorgungsgrad (in Klammern) in den Jahren 1980 bis 1993 – nach Ländern geordnet (bis 1990 nur alte Bundesländer)

Land	1980	1990	1991	1992	1993	1994
Baden-Württemberg	284,8	309,3	310,5	316,3	319,2	324,1
	(75,5%)	(79,3%)	(77,1%)	(75,5%)	(73,8%)	(74,6%)
Bayern	253,6	317,5	320,7	318,9	327,8	335,1
	(61,9%)	(68,9%)	(68,6%)	(66,9%)	(66,8%)	(67,2%)
Berlin (West)	27,5	44,9	48,2	51,2	50,9	51,5
	(54,9%)	(67,2%)	(67,5%)	(68,7%)	(67,0%)	(70,1%)
Berlin (Ost)			70,3	64,1	57,5	53,7
			(96,7%)	(97,1%)	(95,7%)	(91,6%)
Brandenburg			121,1	118,4	126,8	119,0
			(93,7%)	(93,4%)	(94,6%)	(94,2%)
Bremen	12,5	13,3	13,8	12,9	12,8	18,4
	(55,8%)	(60,5%)	(60,0%)	(52,9%)	(54,9%)	(72,2%)
Hamburg	24,6	27,4	25,5	30,3	30,2	32,9
	(49,1%)	(58,1%)	(53,6%)	(52,9%)	(54,9%)	(57,4%)
Hessen	137,7	151,5	149,3	153,2	160,6	166,5
	(67,7%)	(72,2%)	(71,8%)	(74,8%)	(73,3%)	(74,1%)
Mecklenburg-Vorpommern			100,7	88,8	85,5	77,9
			(89,7%)	(86,4%)	(85,2%)	(86,7%)
Niedersachsen	136,8	169,5	168,9	178,8	182,5	199,9
	(53,9%)	(66,6%)	(64,0%)	(65,2%)	(62,6%)	(63,4%)
Nordrhein-Westfalen	378,8	396,8	397,1	362,1	412,4	420,3
	(59,6%)	(64,7%)	(62,1%)	(57,5%)	(59,2%)	(60,4%)
Rheinland-Pfalz	96,3	112,1	107,0	115,9	126,3	130,3
	(75,1%)	(79,7%)	(76,0%)	(75,1%)	(78,8%)	(80,1%)
Saarland	23,0	28,2	29,6	28,4	32,8	29,8
	(69,3%)	(79,2%)	(74,7%)	(70,1%)	(76,8%)	(71,8%)
Sachsen			212,6	195,2	191,1	177,6
			(93,2%)	(91,0%)	(91,9%)	(90,5%)
Sachsen-Anhalt			115,9	116,9	112,5	105,6
			(81,2%)	(91,0%)	(89,9%)	(91,7%)
Schleswig-Holstein	47,1	56,8	62,7	61,4	67,8	68,1
	(51,8%)	(61,2%)	(61,8%)	(63,2%)	(63,1%)	(61,7%)
Thüringen			116,5	111,9	106,8	90,9
			(93,6%)	(93,2%)	(92,0%)	(91,4%)
Deutschland			2370,5	2324,6	2396,4	2401,7
			(73,7%)	(72,5%)	(71,9%)	(72,2%)
davon alte Bundesländer	1422,7	1627,2	1633,4	1629,3	1723,1	1777,0
	(63,1%)	(69,7%)	(67,9%)	(66,6%)	(66,4%)	(67,3%)
neue Bundesländer			737,1	695,3	673,2	624,6
			(91,1%)	(91,6%)	(91,2%)	(91,1%)

Quelle: [32]

Hinter den einzelnen Landeszahlen verbergen sich aber nicht landesweit gleichmäßige Verhältnisse, sondern die Zahlen sind rechnerische Landes-Durchschnittszahlen, hinter denen von Ort zu Ort sehr unterschiedliche Versorgungssituationen stehen. Das geht zum Teil so weit, daß selbst Kommunen in unmittelbarer Nachbarschaft voneinander stark abweichende Versorgungslagen ausweisen.

Beispiel:

	Versorgungsgrad
Bonn	92,61 %
Rhein-Sieg-Kreis	78,76 %
Soest/Westf. (Kreis)	90,37 %
Soest/Westf. (Stadt)	77,70 %

Quelle: [22]

Selbst innerhalb der Kommunen finden wir noch größere Spannweiten bei der Versorgung der einzelnen Stadtteile. Als ein Beispiel für viele mögen hier einige Zahlen von 1996 in Köln dienen.

Beispiel:

	Versorgungsgrad
Köln gesamtstädtisch	87,1 %
Köln-Mülheim/Süd	54,7 %
Köln-Neustadt/Nord	55,6 %
Köln-Bocklemünd/Mengenich	107,9 %
Köln-Junkersdorf	109,3 %

Quelle: [29]

Mit der weiteren Umsetzung des einklagbaren Anspruchs auf einen Kindergartenplatz werden sich die Versorgungswerte der einzelnen Kommunen untereinander weiter angleichen. Das macht eine Umfrage deutlich, die der Deutsche Städtetag unter 21 Städten mit über 200.000 Einwohnern in den alten Bundesländern durchgeführt hat (siehe Tabelle 1.2). Dennoch wird es danach auch 1999 noch Schwankungen zwischen 70 % (Oberhausen) und 100 % (Karlsruhe) geben.

1.2 Bedeutung des Rechtsanspruchs auf einen Kindergartenplatz

Tabelle 1.2: Erhebung zur Bedarfsdeckung der Kindergartenplätze

Stadt	Versorgungsgrad in %*		Anzahl der vorhandenen Plätze		Anzahl der tatsächlich anspruchsberechtigten Kinder	
	am 1. 8. 1996	am 1. 1. 1999	am 1. 8. 1996	am 1. 1. 1999	am 1. 8. 1996	am 1. 1. 1999
Aachen	96,80	96,70	6.996	8.040	7.224	8.314
Augsburg	75,20	83,90	5.803	6.403	7.715	7.630
Bielefeld	75,80	89,20	7.830	9.100	10.325	10.200
Bochum	93,80	90,00	10.766	10.886	11.475	12.099
Bonn	93,00	89,70	8.299	9.084	8.925	10.128
Dortmund	78,70	81,50	14.518	16.336	18.446	20.056
Duisburg	84,80	88,30	14.983	16.191	17.667	18.339
Essen	80,30	90,00	14.705	17.379	18.309	19.310
Gelsenkirchen	85,60	100,00	8.298	9.509	9.694	9.245
Hagen	82,50	100,00	5.233	6.309	6.340	6.173
Hannover	91,50	89,70	12.580	14.090	13.750	15.700
Karlsruhe	100,00	100,00	8.051	8.842	7.893	8.216
Kassel	98,40	100,00	5.269	6.140	5.357	5.901
Lübeck	76,88	85,00	4.850	5.100	6.309	6.000
Mannheim	94,50	94,60	8.782	9.573	9.297	10.122
Mönchengladbach	69,90	82,00	6.599	8.279	9.433	10.073
Münster	100,00	100,00	7.843	8.421	7.817	8.313
Nürnberg	76,20	89,90	11.350	12.500	14.900	13.900
Oberhausen	78,00	70,00	5.864	5.999	7.515	8.514
Stuttgart	100,00	96,00	16.866	17.782	16.681	18.475
Wuppertal	74,40	100,00	8.850	11.976	11.903	11.291

* Werte über 100% wurden nicht berücksichtigt.

Quelle: [14]

Dies alles macht deutlich: Die Versorgung ist von Ort zu Ort, ja selbst innerhalb einzelner Orte, sehr unterschiedlich. Es gibt zwar generelle Trends, z.B. ein Ost-West-Gefälle. Letztlich ist es aber nötig, sich jeweils vor Ort umzuschauen, wenn man sich ein zuverlässiges Bild über die Versorgungssituation in einem Kreis oder einer Stadt verschaffen will.

Alle bisher genannten Zahlen beziehen sich nur auf die Altersstufe des Kindergartens im engeren Sinne, also nur auf die Altersgruppe der Drei- bis Sechsjährigen. Nicht erfaßt sind davon die Kinder in den Horten, den Krippen und Krabbelstuben etc. Diese Einrichtungen dürfen jedoch nicht übersehen werden. Denn alle zusammen machen erst das Versorgungssystem der *Tageseinrichtungen* in seiner Gänze aus.

Bei den Horten und Krippen sind die Schwankungen noch größer als bei den Kindergärten. Die Zahlen für die Länder des alten Bundesgebietes veranschaulichen dies sehr deutlich (siehe Tabelle 1.3).

Tabelle 1.3: Vorhandene Plätze

Land	Krippe (1990)	Hort (1990)
Baden-Württemberg	3.881	11.859
Bayern	3.414	21.454
Berlin (West)	11.764	22.542
Bremen	390	3.499
Hamburg	4.699	10.441
Hessen	3.333	16.012
Niedersachsen	–	9.280
Nordrhein-Westfalen	5.115	25.245
Rheinland-Pfalz	696	3.683
Saarland	259	814
Schleswig-Holstein	642	3.690

Quelle: [32]

Allein der Vergleich zwischen Berlin (West) und dem viel größeren Bayern zeigt schon, wie groß hier die Abweichungen von Land zu Land und Stadt zu Stadt sind.

Diese Abweichungen werden auch in der Zukunft groß bleiben. Denn anders als beim Kindergarten gibt es hier keinen bundesweiten einklagbaren Anspruch auf einen Platz. So bleibt es den Ländern und Kommunen überlassen, hier eigenständig Schwerpunkte zu setzen – oder diese auch nicht zu setzen. Von dieser Freiheit haben die Länder und Kommunen in großer Spannbreite Gebrauch gemacht. Deshalb gilt für eine Gesamtschau des Versorgungssystems der *Tageseinrichtungen* noch mehr als für die Einzelbetrachtung der Kindergärten: Die Versorgungssituation ist von Ort zu Ort sehr unterschiedlich. Wer zuverlässige Zahlen über Versorgung und Bedarf haben will, muß diese bei den jeweiligen örtlichen Jugendämtern abfragen.

1.3 Kombinierte Einrichtungen

Auf die unterschiedlichen Nachfrageschwerpunkte in den verschiedenen Altersstufen kann man am besten mit der sogenannten *kombinierten Einrichtung* reagieren. Diese bietet unter einem Dach Platz sowohl für Krippen- und Krabbelkinder als auch für Kindergarten- und Hortkinder, umfaßt also die gesamte Altersspanne vom Baby bis zum Schulkind.

Durch das Prinzip *alles unter einem Dach* bietet die kombinierte Einrichtung für jedes Kind jeder Altersstufe einen Platz in der jeweils nächstgelegenen Einrichtung. Das macht die Einzugsgebiete kleiner und die Wege zur Einrichtung kürzer.

Dadurch sparen die Eltern Zeit und Geld, wenn sie ihr Kind zur Einrichtung bringen oder von dort holen. Im übrigen reduziert sich für alle das Verkehrsrisiko.

Indem die Einzugsbereiche der kombinierten Einrichtungen kleinräumiger ausfallen, werden sie für die Bedarfsplanung überschaubarer. Bedarf und Nachfrage sind zielgenauer zu bestimmen, und so verringert sich die Gefahr von Fehlplanungen.

1.3 Kombinierte Einrichtungen

Ihr uneinholbarer Vorteil gegenüber mono-strukturierten Einrichtungen ist jedoch ihre große Flexibilität bei der Bedarfsanpassung. Kinderzahlen und Nachfrageschwerpunkte ändern sich mitunter recht schnell. Wo z. B. jüngst noch Kindergartenplätze fehlten, herrscht plötzlich Mangel an Hortplätzen. Hier kann die kombinierte Einrichtung schnell und komplikationslos durch eine entsprechende Veränderung der Gruppenstruktur helfen.

Wenn es auch nicht gleich auf den ersten Blick zu erkennen ist, so erweist sich die kombinierte Einrichtung darüber hinaus noch als die Betriebs- und Organisationsform, die mit den eingesetzten Ressourcen Geld und Personal auf lange Sicht am wirtschaftlichsten umgeht – kurz: Die kombinierte Einrichtung ist am preiswertesten. Dies ergibt sich vor allem durch die bessere Verteilung und den besseren Ausgleich der Arbeitsspitzen: Während der Kindergarten morgens seine Spitze hat und nachmittags häufig durch auffallende Ruhe gekennzeichnet ist, ist dies beim Hort genau umgekehrt. Unter einem Dach gleicht sich das gegenseitig aus.

So wird die Organisation des Tagesablaufs einfacher, und es ergibt sich die Möglichkeit, den Personaleinsatz dem Arbeitsanfall anzupassen. Ähnliches gilt für die Investitionen. Durch die große innere Flexibilität der kombinierten Einrichtung, die sich den geänderten Bedarf durch Gruppenumwandlungen im vorhandenen Gebäude schnell anpassen kann, läßt sich veränderte Nachfrage häufig im vorhandenen System auffangen, ohne daß es zu neuen Baumaßnahmen und neuen Investitionen kommen muß.

Um die hohe Flexibilität der kombinierten Einrichtung voll ausschöpfen zu können, ist es jedoch erforderlich, die breite Nutzungspalette bereits beim Bau miteinzuplanen. Die Raumprogramme sind von Anfang an so zu gestalten und die Räumlichkeiten einander so zuzuordnen, daß ein *fliegender* Wechsel jederzeit möglich ist. Das erspart späteren Ärger und Kosten, ohne daß dadurch die Baukosten höher werden. Wenn dies von Anfang an berücksichtigt wird, ist die kombinierte Einrichtung an Wirtschaftlichkeit und Anpassungsfähigkeit von keiner anderen Einrichtung zu schlagen.

2 Grundlagen des Bauvorhabens Kindertagesstätte

2.1 Grundlagenermittlung

Bedarfsplanung

Nach Inkrafttreten des Rechtsanspruchs haben die Träger der Jugendfürsorge zum Teil in erheblichem Maße den vorhandenen Nachholbedarf gedeckt. Dennoch sind noch nicht überall die erforderlichen Einrichtungen geschaffen worden.

Dies gilt in Ballungsgebieten auch für historische und intensiv bebaute Stadtteile, die, einem allgemeinen Trend folgend, wieder als beliebte Wohnquartiere gelten und sich in ihrer Bevölkerungsstruktur stark verändern.

Ebenso werden neue Siedlungsgebiete ausgewiesen, zu deren Infrastruktur selbstverständlich auch Kindergärten gehören.

Dementsprechend ist nach wie vor ein Bedarf vorhanden, der von den Gemeinden festgelegt und in Zukunft gedeckt werden muß.

Städtebauliche Situation

Ausweisung neuer Stadtteile/Siedlungsgebiete

Neue Stadtteile und Siedlungsgebiete werden in der Regel durch die Aufstellung von Bebauungsplänen planungsrechtlich gesichert. Im Rahmen dieser Bebauungspläne sind Kindergärten entsprechend als *Flächen für den Gemeinbedarf* ausgewiesen (BauGB § 9 (1) Punkt 5). Diese sind üblicherweise von Lage, Größe und Zuschnitt adäquat bemessen.

Baulücken/Grundstücke in vorhandenen Baugebieten

Soll eine Kindertagesstätte in einer Baulücke oder im Bereich einer vorhandenen Bebauung errichtet werden, steht zunächst die Prüfung an, ob eine solche Grundstücksnutzung mit den Festsetzungen des BauGB § 34 (Zulässigkeit von Vorhaben innerhalb der im Zusammenhang bebauten Ortsteile) im Einklang steht.

Umnutzung vorhandener Gebäude

Besondere Gegebenheiten können dazu führen, daß ein bestehendes Gebäude umgenutzt wird. Hierbei kann es sich um aufgegebene Gewerbe- oder Industriegebäude, Werkstätten, Ladenlokale etc. handeln. Diese liegen zumeist in der räumlichen Nähe zu Wohnbereichen, oft in Gemeinde- oder Stadtvierteln mit hoher Bevölkerungsdichte. Daher ist durch Umnutzung solcher Gebäude die Chance gegeben, bisher unterversorgte Gebiete zu befriedigen.

Auch wenn bei einer solchen Umbaumaßnahme Kompromisse in bezug auf Ausrichtung zur Himmelsrichtung, Freifläche, Raumgröße oder Standardbeschreibung geschlossen werden müssen, entstehen häufig höchst individuelle und reizvolle Lösungen.

Hier dürften noch erhebliche Reserven auf ihre Neubestimmung warten.

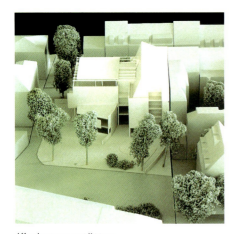

Kindertagesstätten und Wohnungen in einer Baulücke (Wettbewerbsarbeit)

2.1 Grundlagenermittlung

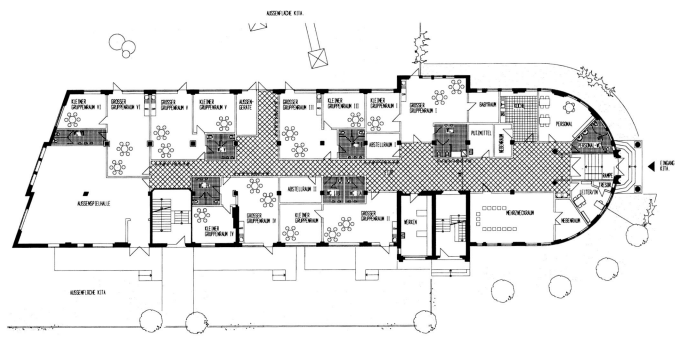

Grundriß Erdgeschoß

Längsansicht

Das historische, unter Denkmalschutz stehende Gebäude (ehemals »Opekta-Fabrik«) in Köln-Nippes wird im Erdgeschoß zu einer sechsgruppigen Kindertagesstätte umgebaut (Planung 1996, voraussichtliche Fertigstellung Sommer 1997).

Das vorhandene Raumangebot ermöglicht als Ergänzung zur allgemeinen Außenfläche die Errichtung einer Außenspielhalle im Gebäude.

Im 1. Obergeschoß ist eine Schule für Fortbildungsmaßnahmen geplant, darüber befinden sich Ateliers.

Vorderansicht

2.2 Träger von Kindertagesstätten

Träger von Kindertagesstätten sind:

Öffentliche Träger

Öffentliche Träger sind Gebietskörperschaften, d. h. Städte, Gemeinden, Landkreise.

In den insgesamt ca. 46.000 Kindertagesstätten in der Bundesrepublik werden 3.050.000 Kinder betreut (Stand 01.95). Diese werden in den alten Bundesländern zu 47,4 % von den Städten, Kreisen und Gemeinden getragen. In den neuen Bundesländern liegt dieser Anteil einschließlich Ost-Berlin sogar bei 84,3 %. Es handelt sich hier demnach um die mit Abstand stärksten Betreiber solcher Einrichtungen.

Nicht zuletzt aufgrund der gesetzlichen Bestimmung sind die Gebietskörperschaften als öffentliche Träger der Jugendhilfe verpflichtet, den Rechtsanspruch auf einen Kindergartenplatz zu erfüllen.

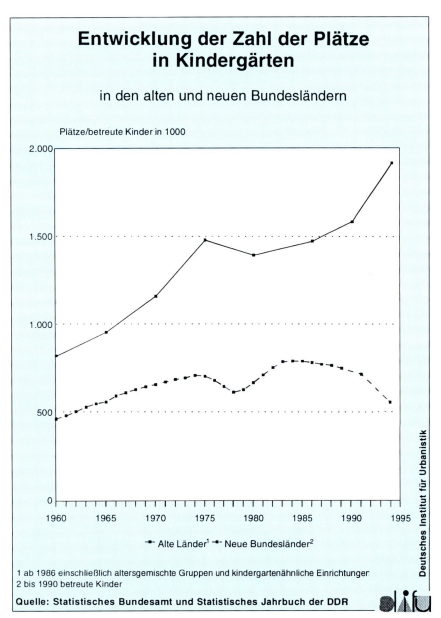

Quelle: [24]

Freie Träger

Von den freien Trägern stellen wiederum die Kirchen die größte Gruppe dar.

So befinden sich in Nordrhein-Westfalen 46% aller Plätze in katholischen Einrichtungen, 23 % in evangelischen, 22 % in kommunaler und 9 % in sonstiger Trägerschaft.

Das Erzbistum Köln wendet für seine 870 Einrichtungen mit 59.446 Plätzen 12,1 % des Steueraufkommens für Kindergärten auf. Auch wenn nach einem kürzlich getroffenen Beschluß dieser Anteil auf 11 % gesenkt werden soll, bedeutet dies immer noch ein Finanzvolumen von über DM 100 Mio./Jahr [18].

Dieses Beispiel zeigt die Bedeutung kirchlicher Träger.

Sonstige gemeinnützige Träger

Die Wohlfahrtsverbände, z. B. Arbeiterwohlfahrt, Deutsches Rotes Kreuz, Deutscher Paritätischer Wohlfahrtsverband u. a., sind regional unterschiedlich stark als Träger von Kindertagesstätten vertreten. Auch sie leisten einen erheblichen Beitrag zur Erfüllung des Rechtsanspruchs.

Elterninitiativen

Eine besondere Rolle spielen die Elterninitiativen, die als Träger auftreten.

Der große Vorteil von Kindergärten, die durch Elterninitiativen getragen werden, ist in deren Flexibilität zu sehen. Frei von Zielvorgaben kommunaler oder kirchlicher Träger und von starren Tarifstrukturen können beispielsweise diese Träger bei den Öffnungszeiten stärker auf Elternwünsche eingehen.

Jeder Träger muß einen Eigenanteil von mindestens 5% leisten. Bei Privatinitiativen muß dieser über einen erhöhten Beitrag der Eltern abgedeckt werden. Unter Umständen wird hierdurch der Nutzerkreis eingeschränkt.

2.3 Träger als Bauherr

Traditionell tritt der Träger einer Kindertagesstätte auch als Bauherr auf. Das ist das *klassische* Modell. Dieser verfügt über das erforderliche Grundstück und stimmt selbst den Bedarf mit der Rahmenplanung nach dem Kinder- und Jugendhilfegesetz ab. Er beauftragt einen Architekten mit der Planung – ggf. nach einem Ideenwettbewerb – oder führt diese selbst durch (Beispiele: Staatshochbauamt, Städtisches Bauamt, kirchliche Bauabteilung).

Die Finanzierung wird gesichert durch vorhandene Eigenmittel, Kommunaldarlehen und vor allem durch Zuwendungen der Länder. Diese betragen teilweise bis zu 80%.

Der Vorteil dieses Modells ist die weitgehend freie Entscheidung über Standort, Größe, Ausstattung und Standard, frei von zwingenden wirtschaftlichen Überlegungen und Konflikten, die zwischen Vermieter und Mieter auftreten können.

Die Vergangenheit hat jedoch gezeigt, daß gerade diese Freiheiten zu Auswüchsen geführt haben. Je teurer, größer und schöner, desto besser. Mangelnde Kostenkontrolle, Schwerfälligkeit bei der Entscheidungsfindung in den Gremien, wenig Bereitschaft zu innovativen Lösungen und kaum oder keine Betrachtung der Folgekosten führen mit dazu, daß die öffentlichen Haushalte an ihre Grenzen gestoßen sind.

Die Gefahr solcher Fehlentwicklungen könnte durch eine systematische Kostenkontrolle von Beginn der Planung an erheblich verringert werden:

- Der beauftragte Architekt sollte über Erfahrungen im Kindergartenbau *und* im kostengünstigen Bauen verfügen.
- Gemeinsam mit dem Träger werden nach Vergleich mit ausgeführten Objekten Kostengrenzen festgelegt.
- In allen Planungsphasen werden *nachprüfbare* Optimierungen im Hinblick auf niedrige Investitions- und Betriebskosten mit Hilfe von Kostenvergleichen und Bauelement-Berechnungen durchgeführt.
- Diese Kostenkontrolle sollte in den Verträgen mit Architekten und Fachplanern entsprechend Honorarordnung für Architekten und Ingenieure (HOAI), § 29 (Rationalisierungswirksame besondere Leistungen) verankert werden.

2.4 Investorenmodell

Insbesondere in Bereichen mit dem größten Nachholbedarf bei der Erfüllung des Rechtsanspruchs stießen zumeist die kommunalen Träger an die Grenzen ihres Investitionsbudgets und ihrer Personalkapazität. So werden beim Bau von Kindertagesstätten immer häufiger Konstellationen gewählt, bei denen ein privater Investor die Einrichtung erstellt und dann langfristig an den Träger vermietet. Der Investor übernimmt damit das volle wirtschaftliche Risiko als Bauherr.

In allen folgenden Fällen sollte sich der Investor, der selbst kein Architekt ist, der Mithilfe eines qualifizierten Architekten bedienen, der über Erfahrungen im Kindergartenbau verfügt.

Investor und Träger

Der erste Schritt bei den Überlegungen, als Investor eine Kindertagesstätte zu errichten, ist die Prüfung des Bedarfs. Bei den Jugendämtern sind entsprechende Ermittlungen vorhanden.

Wenn dieser Bedarf gegeben und die Fläche die erforderliche Größe aufweist, ist das Vorhaben auf einem vorhandenen Grundstück zu verwirklichen.

Eine weitere, gleichbedeutende Voraussetzung ist das Vorhandensein eines geeigneten Trägers für die geplante Einrichtung. Entsprechende Verträge müßten vor Beginn der Maßnahme abgeschlossen sein.

Für einen Investor bietet sich die Zusammenarbeit mit allen in Abschnitt 2.2 genannten Trägern an, die in ihrer Bedeutung jedoch sehr unterschiedlich sind, wie die vorausgegangenen Ausführungen schon zeigten.

Öffentliche/kommunale Träger

Da die Gebietskörperschaften als öffentlicher Träger aufgrund der gesetzlichen Bestimmungen gegenüber der Jugendhilfe verpflichtet sind, den Rechtsanspruch zu erfüllen, ist das örtliche Jugendamt immer der erste Ansprechpartner für den Investor. Voraussetzung, hier den geeigneten Träger zu finden, ist natürlich, daß die betreffende Gemeinde überhaupt Kindertagesstätten im Investorenmodell betreibt.

Kirchliche Träger

Trotz des erheblichen Potentials und der auch hier notwendig gewordenen Restriktionen wird das Investorenmodell im kirchlichen Bereich sehr zurückhaltend bis ablehnend gesehen.

Traditionell verfügen Kirchengemeinden über zum Teil erhebliche Liegenschaften. Sie vergeben ihre Grundstücke zumeist jedoch in Erbpacht, bevorzugt für den Bau von Familienheimen. Verkäufe bilden bis heute die Ausnahme.

Findige Kirchmeister und Generalvikare werden aber mit Sicherheit feststellen, daß auch für sie die Errichtung von Kindertagesstätten durch einen Investor bei eigener Trägerschaft Vorteile hat und gebundene Mittel freisetzt.

Sonstige gemeinnützige Träger

Bei diesen Trägern handelt es sich um Rechtsformen, die aufgrund ihres selbstgewählten Auftrags in starkem Maße einer Sozialaufgabe nachkommen. Hierzu gehört neben der allgemeinen Jugendpflege, der Altenbetreuung etc. eben auch der Betrieb von Kindergärten.

Die Organisationen treten selbst als Bauherren auf, mieten Einrichtungen oder bilden Kooperationen mit Elterninitiativen. Auch in diesen Fällen bietet sich die Errichtung einer Kindertagesstätte durch einen Investor auf eigenem oder von der Gemeinde erworbenem Grundstück in Trägerschaft einer gemeinnützigen Organisation oder ähnliche Modelle an.

Elterninitiativen

Diese Trägerform kann sich im Laufe ihres Bestehens erheblich wandeln.

Nach Ablauf des Eigenbedarfs der meist stark motivierten *Gründergeneration* mangelt es oft am notwendigen Engagement der Nachfolger. Aber auch der administrative Aufwand, den der Betrieb einer mehrgruppigen Einrichtung mit sich bringt, wird nicht immer richtig eingeschätzt.

Hierbei ist es wichtig, daß Führungspersonal vorhanden ist, das über den aktuellen Bedarf hinaus den Betrieb einer solchen Einrichtung als eigenes Ziel betrachtet und darin eine Form der Selbständigkeit, aber auch einer gewissen ideologischen Unabhängigkeit sieht und über entsprechende Fähigkeiten verfügt.

Mancher Investor mag bei dieser Trägerschaft Unsicherheiten für einen langfristigen Mietvertrag sehen, aber aus dieser Schwierigkeit können Ausfallbürgschaften helfen. Diese stellt dem Investor z. B. die Kommune, die für die Umsetzung des Rechtsanspruchs verantwortlich ist, zur Absicherung des Mietvertrags mit der Elterninitiative auf Dauer der Vertragslaufzeit.

Aufgabenfelder

Das Investorenmodell bietet vielfältige Aufgaben für Architekten und Anleger.

Neubau/Bauen im Bestand

In erster Linie ist der Neubau von Einrichtungen zu betrachten, zu dem im weiteren Sinne auch die Umwandlung von bisher andersgenutzten Flächen, also das *Bauen im Bestand*, zählt.

Auch wenn zwischenzeitlich die Versorgungsquote in vielen Bereichen teilweise erreicht oder zumindest weitestgehend erfüllt ist, wird immer ein weiterer Bedarf bleiben. Dies gilt für die Ausweisung neuer Wohnquartiere und Neubaugebiete ebenso wie für den zunehmend erforderlich werdenden Ersatzbau.

Sanierung bestehender Einrichtungen

Viele Einrichtungen für Kinder stammen aus den Nachkriegsjahren und bedürfen einer Generalsanierung. Oftmals ist diese aufgrund mangelhafter Bausubstanz, maroder Haustechnik und einer veralteten Grundrißlösung teurer als ein kompletter Neubau.

So plant zur Zeit eine nordrhein-westfälische Stadt die Generalinstandsetzung einer dreigruppigen Einrichtung aus den 50er Jahren bei gleichzeitiger Erweiterung auf fünf Gruppen. Hierfür werden Gesamtkosten von DM 3,2 Mio. veranschlagt.

Ein entsprechender Neubau würde, wie spätere Beispiele zeigen werden, Baukosten von DM 2,2 bis 2,6 Mio. verursachen. Rechnet man die Abbruchkosten der alten Einrichtung hinzu, werden mindestens DM 500.000 Steuermittel zuviel ausgegeben.

Ein Ersatzbau im Investorenmodell würde den Haushalt in noch stärkerem Maße entlasten.

Aber auch die sich im Einzelfall lohnende Generalinstandsetzung bietet Möglichkeiten für Investoren. Wie grundsätzlich in jeder Form dieses Modells, bietet auch und gerade eine Instandsetzungsmaßnahme eine Herausforderung für Architekten, Bauunternehmer und Bauhandwerker, um selbst als Investor aufzutreten. Eigene Kapazitäten können eingebracht und gesteuert, Einkommen und Arbeitsplätze gesichert werden.

Die Überlassung eines solchen Objektes an einen Investor für 20, 25 oder 30 Jahre entlastet öffentliche Haushalte und bietet dem Investor steuerliche Vorteile, die den Trägern verwehrt sind.

Als Beispiel sei hier die aktuelle Berechnung einer Gemeindeverwaltung herangezogen: Es konnte festgestellt werden, daß die Weitergabe einer zweigruppigen, sanierungsbedürftigen Einrichtung an einen Investor mit Rückmietung eine Einsparung von DM 295.000 bei 25jähriger Laufzeit mit sich bringt!

Gemischte Gebäudenutzung

Besonders im Investorenmodell ist eine Kombination mit anderen Nutzungen im Gebäude denkbar und unter Umständen sinnvoll, z.B. bei mehrgeschossiger Bauweise. Hierbei ist jedoch zu berücksichtigen, daß die Funktionen klar getrennt werden. Dies gilt insbesondere für die Erschließung und die Außenanlagen. Die Vermeidung einer gegenseitigen Belästigung durch Schall und sonstige Emissionen sind zwingende Voraussetzung.

Beispiel einer gemischten Gebäudenutzung mit dreigruppiger KiTa und neun Wohnungen

Akquisition

Die Akquisition neuer Aufträge bzw. die Erkundung neuer Felder für Investitionen spielen zunehmend eine entscheidende Rolle. Im Bereich der Einrichtung von Kindertagesstätten setzt dies neben der Eigeninitiative von Architekten und Investoren die Bereitschaft der Träger voraus, dieses Modell für den eigenen Verantwortungsbereich als sinnvolle Ergänzung anzusehen.

In Gemeinden, in denen das Investorenmodell praktiziert wird, ist eine Bewerbung der erste Schritt.

Da bei *freihändiger* Vergabe die Gefahr einer einseitigen Bevorzugung nicht immer ganz auszuschließen ist, tragen Auslobungsverfahren zur Objektivierung bei.

Investorenwettbewerb

Für den Träger, der das Grundstück zur Verfügung stellen kann, oder für den die Kommune das Grundstück zur Verfügung stellt, die Einrichtung aber nicht selbst bauen, sondern nach Fertigstellung anmieten möchte, stellen sich folgende grundsätzliche Probleme:

Es sollen in der geplanten Einrichtung Kinder entsprechend dem Raumprogramm und den pädagogischen Zielsetzungen des Trägers optimal betreut werden können. Das Gebäude soll hohe städtebauliche und gestalterische Ansprüche erfüllen. Für die Kinder soll ein funktionsfähiges, langlebiges Gebäude mit freundlicher Atmosphäre entstehen.

Die auf Dauer anfallenden Kosten sollen so niedrig wie möglich sein.

Grundstücksvergabe und Abschluß von langfristigen Pachtverträgen sollen nur nach einem objektiven Verfahren zur Auswahl unter mehreren Angeboten vergleichbaren Inhalts durchgeführt werden.

Um diese so ganz unterschiedlichen Ziele in Einklang zu bringen, können verschiedene Wege beschritten werden:

1. Investoren-Wettbewerbe nach den Grundsätzen und Richtlinien für Wettbewerbe (GRW 1995, Teil 2) auf den Gebieten der Raumplanung, des Städtebaus und des Bauwesens

Mit diesem Verfahren sind schon bei vielen Bauaufgaben gestalterisch und funktional hochwertige und dabei wirtschaftlich günstige Lösungsvorschläge in objektiver, nachprüfbarer Auswahl gefunden worden.

Auszüge aus einer Dokumentation der Stadt Köln (Seiten 24 bis 27) zum *Realisierungswettbewerb: Kindertagesstätte und Wohnen in der Körnerstraße 93/Köln-Ehrenfeld* verdeutlichen ein solches Wettbewerbsverfahren.

Für die Durchführungsschritte, wie Vorbereitung und Formulierung der Auslobung, Vorprüfung der eingereichten Entwürfe und Kostenangebote sowie die Dokumentation des Ergebnisses, werden für die Kommune (Träger) allerdings fachkundige Mitarbeiter oder die Übertragung dieser Aufgaben an erfahrene Büros erforderlich.

Die meist überzeugenden Ergebnisse rechtfertigen den Aufwand für den Wettbewerb auch im Hinblick auf die langfristige Wirtschaftlichkeit der Einrichtung.

Stadterneuerung

Sanierung Ehrenfeld/Ost

Dokumente und Diskussionsbeiträge
Schriftenreihe Band 7

Realisierungswettbewerb:
Kindertagesstätte und Wohnen
in der Körnerstraße 93 / Köln-Ehrenfeld

Impressum

Herausgeber:	Stadt Köln Der Oberbürgerstadtdirektor Amt für Stadterneuerung und Sanierung
Redaktion:	Ursula Lovens, LEG NRW Thilo Bosse, Ingrid Luttmann-Paffrath, Isabell Tendler, Stadt Köln
Fotos:	LEG NRW Stadt Köln
Gestaltung und Layout:	Isabell Tendler, Thilo Bosse, Stadt Köln
Auflage:	400 Stk
Schutzgebühr:	2,00 DM

Vorwort

Bezahlbarer Wohnraum und Kindergartenplätze sind in Köln knapp - das gilt besonders für Sanierungsgebiete wie Ehrenfeld-Ost, wo viele Haushalte in zu kleinen, überbelegten Wohnungen leben und wo es überdurchschnittlich viele Kinder gibt. Weiterhin ist die vorhandene Kindertagesstätte an der Glasstraße durch die Pläne der Deutschen Bahn AG zur Erweiterung des Gleiskörpers (Ausbau für die S-Bahn) in ihrem Bestand akut gefährdet.

Dies hat die Verwaltung veranlaßt, für eine städtische Baulücke in der Körnerstraße 93, die heute als Bolzplatz genutzt wird, einen kombinierten Architekten- und Investorenwettbewerb auszuloben. Ziel ist es, durch einen privaten Bauherrn eine Kindertagesstätte und öffentlich geförderte Wohnungen errichten zu lassen. Sechs ausgewählte Architekturbüros stellten sich der schwierigen Aufgabe und erarbeiteten erstaunlich unterschiedliche und vielfältige Lösungsansätze.

Der 1. Preisträger des Wettbewerbs hat die Wohnungen und die Kindertagesstätte in zwei getrennten Baukörpern untergebracht und so die Ansprüche an die zu errichtende Kindertagesstätte wie auch an die Wohn- und Freiraumqualität am überzeugendsten umgesetzt. Aber auch die Entwürfe der übrigen Preisträger zeigen interessante Alternativen auf.

Ich danke allen Beteiligten für ihre Mitwirkung an dem Wettbewerbsverfahren und hoffe, daß dieses für das Sanierungsgebiet Ehrenfeld bedeutsame Bauvorhaben wie geplant 1997 realisiert werden kann.

Christoph Blume
Beigeordneter der Stadt Köln

2.4 Investorenmodell

Inhalt

	Seite	
Vorwort		1
Übersicht über das Wettbewerbsverfahren		2
Inhaltsverzeichnis		3
Das Wettbewerbsgebiet		4
- Lage und Größe		
- Einbindung in die Stadtstruktur		
- Geschichtliche Entwicklung		
- Heutige Situation		
Die Wettbewerbsaufgabe		6
- Zielsetzung		
- Aufgabenstellung		
- Geforderte Leistungen		
Das Preisgericht		8
- Bericht der Vorprüfung		
- Zusammensetzung des Preisgerichts		
- Ermittlung der Preisträger		
- Empfehlung des Preisgerichts		
Die Preisträger		10
- 1. Preis		16
- 2. Preis		20
- 3. Preis		24
- 4. Preis		
Nicht ausgezeichnete Entwürfe		28
Weiteres Verfahren		36

Das Wettbewerbsverfahren

Kombinierter Architekten- und Investorenwettbewerb
"Kindertagesstätte und Wohnen in der Körnerstraße 93"

Ausloberin:	Stadt Köln, Amt für Stadterneuerung und Sanierung
Betreuung:	Landesentwicklungsgesellschaft Nordrhein-Westfalen (LEG), Außenstelle Köln, Annostr. 27 - 33, 50678 Köln als Sanierungstreuhänder
Wettbewerbsverfahren:	Kombinierter, beschränkter Architekten- und Investorenwettbewerb im kooperativen Verfahren
Teilnehmer:	Sechs Architekturbüros und Investorengruppen
Bearbeitungszeitraum:	09.03.1995 - 11.05.1995 (Modell: 22.05.1995)
Preisgerichtssitzung:	22.06.1995
Preisgericht:	Fachpreisrichter/-innen:
	- Drey (Vorsitzende), Köln
	- Blume, Stadt Köln
	- Hoferichter, Stadt Köln
	- Komes, Aachen
	- Schaller, Köln
	Sachpreisrichter/-innen:
	- Brähler-Haucke, Stadt Köln
	- Kluth, SPD
	- Kramer, CDU
	- Wolf, Bündnis 90/ Die Grünen
1. Preis:	Gatermann & Schossig, Köln, mit E.D. Züblin AG, Köln
2. Preis:	Scherer & Maier, Köln, mit Fa. Freitag KG, Düsseldorf
3. Preis:	N. Wansleben, Köln, mit W. Siebers, Köln
4. Preis:	Einsiedel & Haeffner, Köln (Architekten und Investoren)
nicht ausgezeichnete Entwürfe:	Mronz & Kottmair, Köln (Architekten und Investoren)
	Neering & Partner, Köln, mit Vincent Baubetreuung GmbH, Köln

Das Wettbewerbsgebiet

Lage und Größe

Ehrenfeld liegt im linksrheinischen Stadtgebiet Kölns. Ein Teilbereich dieses Stadtteils wurde durch einen Ratsbeschluß 1990 zum **Sanierungsgebiet** erklärt. Es ist ca. 36 ha groß, umfaßt 20 Baublöcke und zählte 1991 etwa 6.900 Einwohner.

Der Wettbewerbsbereich liegt im "Block 18" im nördlichen Teil des Sanierungsgebietes. Dieser Baublock wird von der Körner-, der Grimm-, der Wißmann- und der Subbelrather Straße begrenzt.
Hier befindet sich in der Körnerstraße 93 eine Baulücke, die neu bebaut werden soll. Sie wird z.Zt. als Bolzplatz genutzt und grenzt im rückwärtigen Bereich an eine als Spielplatz genutzte Freifläche, die sich durch das Innere des Blockes 18 bis zur Wißmannstraße erstreckt.

Das Grundstück Körner Straße 93 ist städtisches Eigentum und liegt im Zentrum des Baublockes. Der Wettbewerbsbereich umfaßt eine Fläche von 1,48 ha.

Geschichtliche Entwicklung

Im Verlauf der Industrialisierung ist der Stadtteil Ehrenfeld fast sprunghaft gewachsen. Das Sanierungsgebiet weist als Teilbereich Ehrenfelds eine regelmäßige Blockstruktur auf und ist von einem ebensolchen Straßenraster durchzogen. Die Blockrandbebauung dient meist Wohnzwecken, während viele Innenhöfe gewerblich genutzt und entsprechend bebaut sowie versiegelt sind. Verdichtete Bauweise und Nutzungsüberlagerung führen zu gegenseitigen Beeinträchtigungen von Wohnen und Gewerbe.

Die für die Planungsaufgabe verfügbare Fläche im Block 18 war einmal der Standort der Synagoge Ehrenfeld. Nach ihrer Zerstörung in der Reichskristallnacht von 1938 und der Enteignung des Grundstückes verwaltete die Militärregierung ab 1945 die Liegenschaft. 1952 wurde sie an die "Jewish Trust Corporation" zurück erstattet. Von ihr erwarb die "Stadtgemeinde Köln" 1955 das Grundstück.

Einbindung in die Stadtstruktur

Der Block 18 im Kern des Sanierungsgebiets weist eine Vielzahl sanierungstypischer Merkmale auf:

Die Freifläche im Blockinnenbereich wird von mehreren Nutzungsansprüchen überlagert. Im Gebiet insgesamt besteht ein deutliches Freiflächendefizit sowie ein Mangel an Plätzen in Kindertagesstätten. Auf einigen, überwiegend kleinen Parzellen stehen stark erneuerungsbedürftige Altbauten. Bis 1981 wurden diese Gebäude mit niedrigem Wohnstandard überwiegend von ausländischen Bewohnern genutzt, seit etwa 1984 wohnen hier auch wieder zunehmend viele deutsche Mieter. Die ungünstige Einkommens- und Arbeitsplatzentwicklung reduziert die Ansprüche an Wohnkomfort und stärkt die Nachfrage nach preiswertem Wohnraum.

Das Wohnumfeld weist vielerorts deutliche Mängel auf. Grün zur Verbesserung des Kleinklimas fehlt weitgehend. Der Individual- und Anlieferverkehr verursacht Lärm, der die Wohnqualität mindert. Der Parkdruck ist hoch.

Das Grundstück Körnerstraße 93 wird über die Körnerstraße erschlossen. Sie befindet sich in einem zur Tempo-30-Zone erklärten Wohnbereich und ist nur von der Subbelrather Straße in Richtung Stammstraße befahrbar. Außerdem besteht eine Fußwegeverbindung durch den Block 18 zwischen der Körner- und der Wißmannstraße, die über das Grundstück führt.
Auf der nördlich an das Grundstück angrenzenden Parzelle befindet sich ein Luftschutzbunker. Er ist Eigentum des Bundesvermögensamtes und wird von der städtischen Feuerwehr verwaltet. Heute soll der Bunker für Zivilschutzzwecke vorgehalten werden. Heute finden dort regelmäßig kulturelle Veranstaltungen wie Ausstellungen und Theateraufführungen statt.

Heutige Situation

Der Planungsbereich ist eine Baulücke in städtischem Besitz. Das Grundstück wird seit 1955 als Kinderspielplatz genutzt. Die hohe Nachfrage nach preiswertem, familiengerechtem Wohnraum im Gebiet fordert eine höhere Inwertsetzung des Grundstückes vorzugsweise durch den Neubau öffentlich geförderter Wohnungen.

Im Gebiet besteht ein Mangel an Plätzen in Kindertagesstätten sowie ein Defizit an Frei- und Grünflächen. Das Parkplatzangebot ist geringer als die Nachfrage.

Zwischen Körner- und Wißmannstraße besteht eine Fußwegeverbindung durch den Block 18.

Der Durchführungsplan Nr. 64466/02 von 1958 setzt für das Grundstück Körnerstraße 87-91 eine Freifläche fest. Er steht als noch gültiges Planungsrecht einer Bebauung entgegen und soll daher aufgehoben werden.

Der angrenzende Luftschutz-Bunker

2.4 Investorenmodell

Die Wettbewerbsaufgabe

Zielsetzung

Aufgabe und Ziel des Wettbewerbes bestehen darin, alternative Vorschläge für die städtebauliche und architektonische Planung öffentlich geförderter Wohnungen und für die Entwicklung einer mietpreisgünstigen Kindertagesstätte für 3 Gruppen zu erhalten. Ferner sollen Ideen entwickelt werden, wie die erforderlichen und ggf. zusätzlich für Anwohner bereitzustellenden Stellplätze eingerichtet werden können.

Aufgabenstellung

- **Wirtschaftlichkeit:**
Die Kindertagesstätte soll so geplant werden, daß sie der Stadt Köln als zukünftiger Mieterin mietpreisgünstig (für max. 25 DM/qm) angeboten werden kann.

- **Städtebau:**
Die zahlreichen Nutzungsansprüche an die Freifläche sollen gebündelt und Defizite ausgeglichen werden. Die soziale Infrastruktur soll verbessert, der bestehende Wohnraumbedarf, insbesondere von Sanierungsbetroffenen, mit einer angemessenen zukunftsorientierten Wohnbebauung gedeckt werden. Die Neubebauung soll sich in die kleinteiligen, abwechslungsreich gestalteten Gebäudebestand harmonisch fügen und dessen Merkmale einbeziehen.
Die Bebauung soll ferner zur Neuordnung des Baublockes beitragen. Die Durchlässigkeit des Blockes zwischen Wißmannstraße und Körnerstraße soll, trotz Baulückenschließung, erhalten bleiben. Auf eine Zufahrtsmöglichkeit für das Grundstück hinter dem Bunker kann nicht verzichtet werden; sie kann jedoch gleichzeitig als Fußweg zwischen Körner- und Wißmannstraße dienen.
Die Außenanlagen der Kindertagesstätte sowie die verbleibenden Frei- und Wegeflächen sollen zur Verbesserung der Aufenthaltsqualität des Blockinnenbereiches beitragen. Ein Hinweis auf den ehemaligen Standort der Synagoge im Blockinnenbereich ist beabsichtigt.

- **Architektur:**
Sie soll dem verdichteten innerstädtischen Quartier besondere gestalterische, ökologische, soziale und funktionale Qualitäten verleihen. Die Architektur sollte beispielhaft sein für ähnliche Bauvorhaben in innerstädtischen Bereichen.

- **Ökologie:**
Bei der Realisierung des Bauvorhabens sollen umweltgerechte Baustoffe verwendet werden. Die Bauweise soll einen rationellen Energieeinsatz und einen sparsamen Umgang mit Trinkwasser erlauben.

- **Kindertagesstätte:**
Die funktionalen und pädagogischen Qualitäten der Kindertagesstätte müssen den "Richtlinien für den Bau von Kindertagesstätten" entsprechen. Es soll eine Einrichtung für drei Gruppen, je 20 Kinder umfassend, gebaut werden.

- **Wohnbebauung:**
Bei der angestrebten drei- bis viergeschossigen Wohnbebauung sind die Vorgaben der Wohnungsbauförderungsbestimmungen und Aspekte der Kostenreduzierung zu beachten. Unterschiedlichsten Wohnansprüchen soll durch flexible und vielfältige Wohnungsgrundrisse entsprochen werden. Ein Wohnungsschlüssel ist zugunsten von 4- und 3-Zimmer-Wohnungen (gesamt 75 %) festgelegt. Die Kaltmiete in öffentlich geförderten Wohnungen ist in Köln auf 9,25 DM/m² Wohnfläche begrenzt (gem. "Förderrichtlinien des Landes NRW").

- **Verkehr und Erschließung:**
Das Grundstück Körnerstraße 93 wird über die Körnerstraße erschlossen. Sie ist nur von der Subbelrather Straße in Richtung Stammstraße befahrbar.
Eine mindestens 3,50 m breite Zufahrt soll auf das Grundstück gewährleistet werden, um rückwärtigen Anliegern (hinter dem Bunker) eine Anliefermöglichkeit zu eröffnen. Die bestehende Fußwegeverbindung zwischen Körner- und Wißmannstraße soll erhalten bleiben, um die Durchlässigkeit des Blockes 18 zu gewährleisten.
In einer neuen Tiefgarage sollen die dem Neubauvorhaben entsprechenden Stellplätze nachgewiesen und - soweit möglich - zusätzliche Anwohnerstellplätze angeboten werden.

Geforderte Leistungen

1. Gestaltungsplan (Darstellung von Dachaufsichten mit Angabe der Geschoßzahl, Erschließungs-, Grün- und Freiflächen und deren Nutzung) M 1:200

2. Grundrisse, Schnitte, Ansichten, Fassaden aller Baukörper M 1:200

   Grundrisse der Kindertagesstätte (incl. Gruppen, Raumaufteilung und -größe) M 1:200

3. Exemplarische Grundrisse der Wohnungstypen (Darstellung der Raumnutzungen und Raumgrößen) M 1:200

4. Flächenberechnungen, Flächenbilanz, Freiflächenbilanz und städtebauliche Daten.

   Auf der Grundlage des Gestaltungsplanes sind folgende Angaben zu machen: bebaute und unbebaute Grundstücksflächen, Geschoßzahl der Gebäude, Abgrenzung des Baugrundstückes, öffentliche sowie private Verkehrsflächen, GFZ, GRZ für bebaute Grundstücke, Baumbestand, Stellplatznachweis

5. Mietkostenaufstellung für die Kindertagesstätte (max. 25,00 DM/m² Nutzfläche incl. technischer Ausstattung und Inneneinrichtung, gestalteter Außenspielfläche einschl. Einfriedung, aber ohne Spielgeräte)

6. Erläuterungstext (Umfang max. 2 Seiten)

7. Einsatzmodell M 1:200

Ansicht Körnerstraße

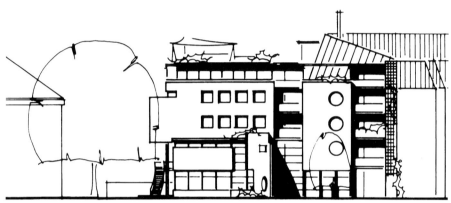

Hofansicht

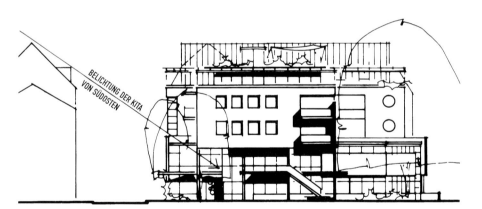

Ansicht Durchgang

Wettbewerbsbeitrag der Verfasser: Dreigruppige KiTa, zweigeschossig in Wohngebäude integriert

2.4 Investorenmodell

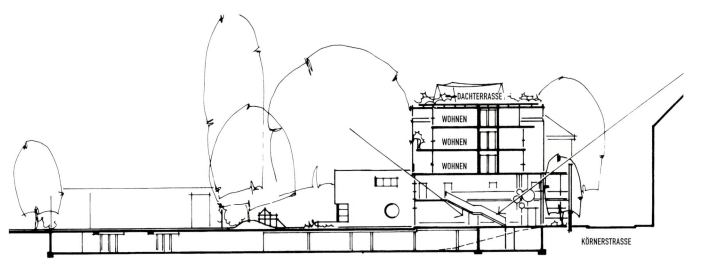

Schnitt

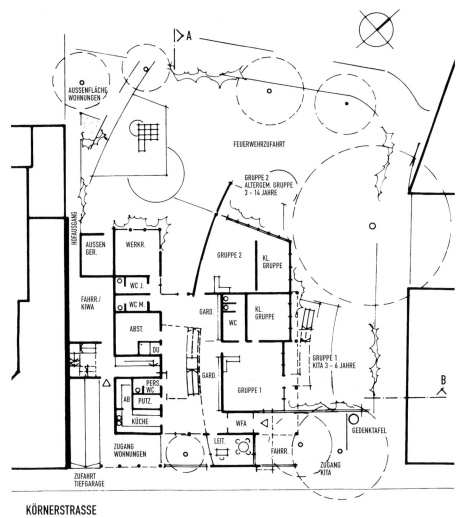

Erdgeschoß

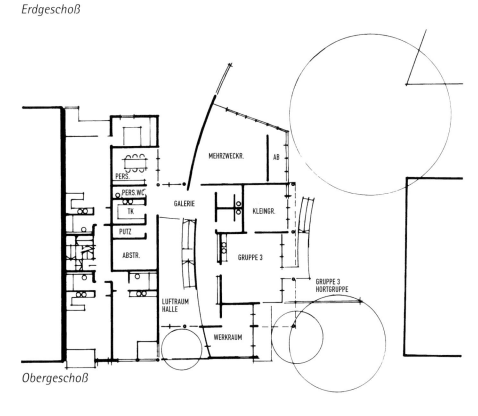

Obergeschoß

Flächenzusammenstellung Kindertagesstätte Körnerstraße

Erdgeschoß

Gruppe 1
Gruppenraum	44,8 m²	
Kleiner Gruppenraum	20,6 m²	
WC	10,7 m²	76,1 m²

Gruppe 2
Gruppenraum	45,2 m²	
Kleiner Gruppenraum	20,2 m²	
Werkraum	23,0 m²	
WC Mädchen	5,7 m²	
WC Jungen	5,7 m²	99,8 m²

Allgemein
Windfang	5,0 m²	
Halle incl. Garderobe	92,3 m²	
Leiterin	15,3 m²	
Küche/Abstellraum	18,0 m²	
Putzmittel	3,9 m²	
WC Personal	3,9 m²	
Dusche	2,8 m²	
Abstellraum	16,7 m²	
Außengeräteraum	14,1 m²	172,0 m²

Summe Erdgeschoß — 347,9 m²

Obergeschoß

Gruppe 3
Gruppenraum	44,8 m²	
Kleiner Gruppenraum	20,6 m²	
Werkraum	23,0 m²	
WC Mädchen	5,7 m²	
WC Jungen	5,7 m²	99,8 m²

Allgemein
Galerie/Flur incl. Garderobe	49,6 m²	
Mehrzweckraum	54,4 m²	
Abstellraum 1	11,5 m²	
Personalaufenthalt	18,1 m²	
Teeküche	7,9 m²	
WC Personal	3,8 m²	
Putzmittel	3,8 m²	
Abstellraum 2	13,0 m²	162,1 m²

Summe Obergeschoß — 261,9 m²

Gesamtfläche — 609,8 m²

Außenspielfläche ca. — 700,0 m²

2.4 Investorenmodell

2. Einholen von Investorenangeboten mit Mietpreisangebot und Vorentwurf

Bei diesem Angebotsverfahren werden von seiten des Trägers die Bedingungen für die Übernahme des Grundstücks und die Anforderungen an Raumprogramm und Ausstattung der Kindertagesstätte vorgegeben. Die Investoren legen einen Vorentwurf und ein Mietpreisangebot vor.

Diese Vorgehensweise entspricht jedoch nicht den Grundsätzen und Richtlinien für Wettbewerbe. Die Entscheidungskriterien werden oft nicht erläutert. Das Auswahlverfahren ist nicht überprüfbar. Die unberücksichtigt gebliebenen Anbieter werden oft nicht einmal benachrichtigt.

Nicht selten entsteht hinterher der Eindruck, daß die Entscheidungen schon vor dem Verfahren feststanden und nur Vergleichsangebote benötigt werden oder daß ohne Beachtung der Entwurfsqualität allein der niedrige Mietpreis entscheidend war und so gestalterische Minimallösungen gewählt werden.

Das Ziel, die Betriebskosten so niedrig wie möglich zu halten, bleibt hierbei meist unberücksichtigt, denn höhere Investitionen, z. B. bei der Wärmedämmung oder Regenwassernutzung, verschlechtern das wirtschaftliche Ergebnis oder die Konkurrenzfähigkeit für den Investor.

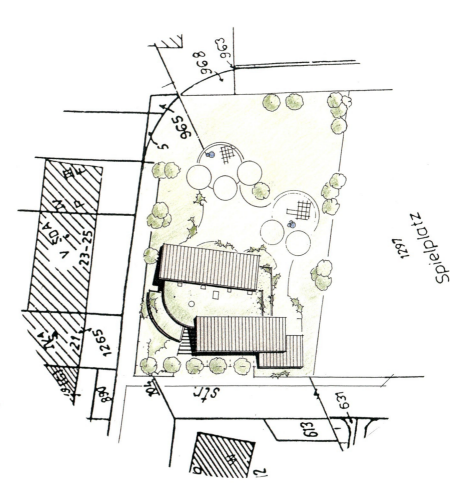

Beispiel eines freien Investorenangebotes. Gefordert wurden Vorentwurf und Mietpreisangebot in DM/m³ NFL x Monat

32 2 Grundlagen des Bauvorhabens Kindertagesstätte

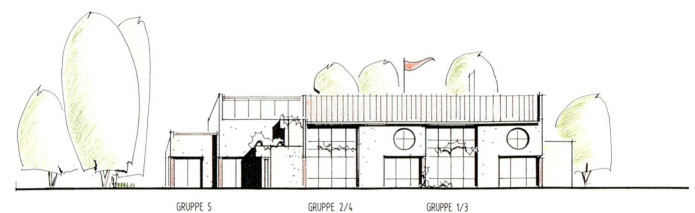

GRUPPE 5 GRUPPE 2/4 GRUPPE 1/3

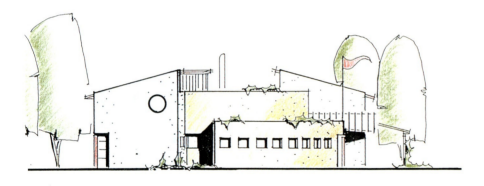

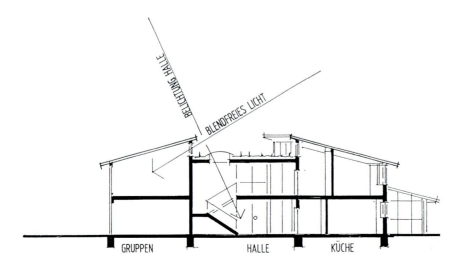

GRUPPEN HALLE KÜCHE

Fünfgruppige KiTa in kompakter zweigeschossiger Bauweise, Gruppenstruktur für kombinierte Einrichtung

2.4 Investorenmodell

GRUPPE 1
KINDERTAGESSTÄTTE
20 KINDER, 3-6 JAHRE

GRUPPE 2
KINDERTAGESSTÄTTE
20 KINDER, 3-6 JAHRE

GRUPPE 3
ALTERSGEM. GRUPPE
15 KINDER, 0.4-6 JAHRE

Erdgeschoß

GRUPPE 4
KINDERGARTENGRUPPE
25 KINDER, 3-6 JAHRE

GRUPPE 5
KINDERGARTENGRUPPE
25 KINDER, 3-6 JAHRE

Obergeschoß

Flächenberechnung und Baubeschreibung Kindertagesstätte Düstemichstraße

Erdgeschoß

Allgemein
Windfang	5,20 m²
Halle	69,30 m²
Leiterin	15,00 m²
Tresorraum	2,00 m²
Putzmittel	7,10 m²
Haustechnik	6,30 m²
Kinderwagenraum	11,50 m²
Küche	16,40 m²
Abstellraum	7,50 m²
Dusche	2,00 m²
Personal WC	2,90 m²
Außengeräte	15,00 m²
	160,20 m²

Gruppe 1
Garderobe	8,60 m²
WC Waschen	10,00 m²
Abstellraum	5,80 m²
Gruppenraum	46,00 m²
kleiner Gruppenraum	20,50 m²
	90,90 m²

Gruppe 2
Garderobe	10,40 m²
WC Waschen	10,00 m²
Abstellraum	5,80 m²
Gruppenraum	46,00 m²
kleiner Gruppenraum	20,50 m²
	92,70 m²

Gruppe 3
Garderobe	11,20 m²
WC Waschen	10,00 m²
Abstellraum	5,20 m²
Gruppenraum	45,20 m²
kleiner Gruppenraum	20,50 m²
Säuglingsraum	17,80 m²
	109,90 m²

Zwischensumme EG 453,80 m²

Obergeschoß

Allgemein
Flur	43,70 m²
Abstellraum	11,00 m²
Haustechnik	5,20 m²
Flur Personal	3,70 m²
Personal WC	5,20 m²
Putzraum	2,00 m²
Personalraum	28,30 m²
Teeküche	9,10 m²
Mehrzweckraum	55,30 m²
Abstellraum	14,10 m²
	177,60 m²

Gruppe 4
Garderobe	12,00 m²
WC Waschen	10,00 m²
Abstellraum	5,80 m²
Gruppenraum	46,00 m²
kleiner Gruppenraum	20,50 m²
	94,30 m²

Gruppe 5
Garderobe	10,40 m²
WC Waschen	10,00 m²
Abstellraum	5,80 m²
Gruppenraum	46,00 m²
kleiner Gruppenraum	20,50 m²
	92,70 m²

Zwischensumme OG 364,60 m²

Gesamt 818,40 m²

Gründung:	Stahlbetonstreifenfundamente, Stahlbetonbodenplatte
Tragende Wände:	Kalksandsteinmauerwerk
Trennwände:	Kalksandsteinmauerwerk
Fenster/Außentüren:	Naturholz, offenporig behandelt
Fassadenbekleidung:	Dämmputz d = 10 cm
Dachkonstruktion	
Pultdach:	Pfettendach Pultdach
Flachdach:	Stahlbetonplatte mit 5 % Gefälle
Dachbeläge	
Pultdach:	Dachwellplatten, 18 cm Wärmedämmung
Flachdach:	Folienabdichtung, Dachbegrünung Wärmedämmung
Wandbekleidungen:	Innenwandputz mit Anstrich, teilweise Sichtmauerwerk mit Anstrich, in Naßräumen Fliesenbelag
Bodenbeläge:	Linoleum, im Mehrzweckraum elastischer Kautschukbelag, in Naßräumen und Küchen Fliesenbelag
Deckenbekleidung:	Schallabsorbierende Plattenbekleidung
Heizung:	Gasgefeuerte Warmwasser-Zentralheizung, Cu-Leitungen
Sanitärinstallation:	Zentrale Warmwasserbereitung, Cu-Leitungen, Einrichtung gemäß Richtlinien
Entwässerung:	Kunststoffrohrleitungen, Anschluß an vorhandenen Kanal
Elektro:	Installation gemäß Kindergarten-Richtlinien
Außenanlagen:	Rasen- und Pflanzenflächen, gemäß Vorgaben, fünf Sandkästen für Gruppen, sonstige Sandflächen, befestigte Flächen in Betonpflaster, Einfriedung als Stahlgitterzahn

Eigenes Grundstück

Hat der Investor ein eigenes Grundstück zur Verfügung bzw. erworben, kann er nach gesichertem Planungsrecht, Bedarf und Trägerschaft nach den landesüblichen Richtlinien planen.

Dies entbindet ihn jedoch keinesfalls von seiner Verantwortung, den hohen Qualitätsanforderungen gerecht zu werden und sich in allen Planungsphasen mit dem zuständigen Jugendamt abzustimmen.

Finanzierung

Für den Investor stellen der Neu- oder Umbau von Kindertagesstätten eine interessante Anlageform dar. Je nach Einzelfall bieten sich:

- Überschüsse aus Vermietung bzw. Verpachtung
- steuerliche Abschreibung
- nachhaltige und krisenfeste Anlage des Eigenkapitals und/oder der Eigenleistung

Bereits in einer möglichst frühen Phase wird der Investor Überlegungen zur Finanzierung anstellen müssen.

Dazu gehören u.a.:

- verfügbares Eigenkapital oder einsetzbare Eigenleistung
- Umfang der Fremdfinanzierung
- Art und Weise der Fremdfinanzierung
- Konditionen.

Als Eigenleistung oder Eigenkapital sollte ein Betrag von 20% der Investitionssumme zur Verfügung stehen, davon wird auch nachstehend ausgegangen. In besonders gelagerten Fällen wird allerdings auch eine 100%-Fremdfinanzierung möglich sein.

Finanzierungsformen

In vielfältigen Spielarten stehen dem Investor Finanzierungsformen zur Verfügung. Neben der herkömmlichen Finanzierung durch Annuitätendarlehen werden am Markt zahlreiche Varianten angeboten, auch in Mischformen. Zu denken ist hierbei an die Möglichkeit, jährlich zusätzlich Tilgungen aus liquiden Überschüssen zu erbringen sowie an die Möglichkeit des Einsatzes von Bausparmitteln oder Lebensversicherungen etc.

Zu einer soliden Finanzplanung gehört es, diese verschiedenen *Spielarten* in Form einer Langfristbetrachtung etwa über 25 Jahre zu kalkulieren, um eine Übersicht über die Auswirkungen auf Rentabilität und Liquidität zu erhalten.

Momentan (Stand: März 1997) ist das *Zinsniveau* auch im mittel- und langfristigen Bereich für den Investor günstig. Hinzu kommen günstige Baukosten durch die Entwicklung in der Bauwirtschaft.

Nominalzinsen von 6,5% bei einer Laufzeit von 10 Jahren und 1,5% Tilgung können, jedenfalls im erststelligen Bereich, durchgesetzt werden; Schweizer-Franken-Kredite sind noch erheblich günstiger, allerdings auch mit Währungsrisiken verbunden. Nicht zuletzt wegen der Sicherheit, die Gemeinden oder kirchliche Organisationen als Mieter/Pächter bieten, sind Kreditinstitute bereit, eine Finanzierung von 80% der

Gesamtinvestition ggf. mehr zu diesen Konditionen zu übernehmen. Dabei wirken sich naturgemäß die langen Laufzeiten der Mietverträge, die auf 20 bis 25 Jahre, zum Teil mit Verlängerungsoption abgeschlossen werden, günstig aus.

Die *steuerlichen Rahmenbedingungen* sind vom Gesetzgeber hingegen in der letzten Zeit zunehmend verschlechtert worden. Die degressive Abschreibung nach § 7 Abs. 5 Einkommensteuergesetz (EStG) ist gegenwärtig nur noch im Wohnungsbau möglich und soll im Rahmen der anstehenden Steuerreform auch für diesen Bereich weiter eingeschränkt werden.

Neben der langfristigen Finanzierungsrechnung ist daher unbedingt eine sich auf die voraussichtliche Mietdauer erstreckende Steuerberechnung (die naturgemäß für spätere Zeiträume auf Schätzungen beruhen muß) anzustellen.

Der steuerliche Berater verfügt in der Regel über das Instrumentarium und das Wissen, eine wirtschaftliche und steuerliche Langfristberechnung anzustellen. Sie sollte auf jeden Fall vom Berater angefordert werden, insbesondere bei Inanspruchnahme degressiver Abschreibungsmöglichkeiten sind die Auswirkungen nach Ablauf der hohen Abschreibungssätze zu untersuchen.

Wirtschaftlichkeitsberechnung

Im Rahmen der Wirtschaftlichkeitsberechnung sind insbesondere zu berücksichtigen:

- Rentabilität
- Liquidität durch Erzielung liquider Überschüsse
- Nachhaltigkeit und Sicherheit der Anlage
- Inflationsschutz
- Vermögensbildung, Vermögenszuwachs, Alterssicherung
- persönliche Verhältnisse wie Einkommenssituation jetzt und in weiterer Zukunft
- Steuersituation etc.

Es liegt auf der Hand, daß all diese Überlegungen nur individuell in Form einer Langfristberechnung ermittelt werden können.

Die nachfolgenden Beispiele können daher nur einen groben Überblick geben. Sie müssen im Einzelfall durch individuelle Finanzierungsüberlegungen und die Berücksichtigung der persönlichen Verhältnisse wie Einkommenssituation, Alter des Investors, voraussichtliche Behaltensdauer, persönliche steuerliche Verhältnisse etc. im Detail ergänzt werden.

Für die Finanzierung wird in den nachfolgenden Beispielen von der Standardversion eines Annuitätendarlehens ausgegangen. Es sei nicht versäumt, darauf hinzuweisen, daß dies keine Finanzierungsempfehlung ist.

Es wird in diesen Beispielen davon ausgegangen, daß der Investor an einer langfristigen Anlage interessiert ist. Bei geplanter kurz- oder mittelfristiger Wiederveräußerung gelten grundsätzlich andere Regeln, dies gilt auch für die steuerliche Behandlung, weil beispielsweise die Besonderheiten des sogenannten gewerblichen Grundstückhandels zu beachten sind.

Es werden hier zwei Grundfälle vorgestellt. In Fall A die Errichtung einer Einzelmaßnahme (fünfgruppige Kindertagesstätte) und in Fall B die Errichtung eines gemischt genutzten Gebäudes (Wohnungen und Kindertagesstätte).

Fall A

Errichtung einer fünfgruppigen Kindertagesstätte als Einzelmaßnahme

- Nutzfläche nach DIN 277: 800 m²
- Umbauter Raum nach DIN 277: 3.500 m³
- Grundstückskosten einschließlich
  Erwerbsnebenkosten und Erschließung   DM   700.000,00
  (DIN 276, Kostengruppen 110, 120, 130 und 200)
- Baukosten, einschließlich Hausanschlüsse   DM 1.650.000,00
  (DIN 276, Kostengruppen 230, 300 und 400)
- Außenanlagen (ohne Spielgerät)   DM   120.000,00
  (DIN 276, Kostengruppen 510 bis 530)
- Nebenkosten   DM   275.000,00
  (DIN 276, Kostengruppen 730, 770)
- Einrichtung   DM   75.000,00
  nur Festeinbauten wie Lampen, Küchen, Garderoben
- Bauzeitzinsen   DM   100.000,00
  (DIN 276, Kostengruppe 760)

Investitionsaufwand gesamt: DM 2.920.000,00

Die hier genannten Kostengruppen beziehen sich auf die DIN 276 vom Juni 1993. Die ab Januar 1996 geltende HOAI schreibt jedoch für Honorar-Abrechnungen noch die Kostenermittlung nach der alten DIN 276 vom April 1981 vor.

- Abschreibung gemäß § 7 Abs. 4 S. 1 Nr. 2 EStG 2 % linear

- Eigenkapital/Eigenleistung   DM   584.000,00 (20 %)

- Fremdmittel   DM 2.336.000,00 (80 %)
  Zinssatz 6,5 %, zehn Jahre fest
  Änderung nach zehn Jahren auf 7,5 % (geschätzt als Durchschnittswert)

- Tilgung 1,5 % zzgl. ersparter Zinsen (Laufzeit 25 Jahre)

- Mieteinnahme DM 25,00/m² (Anfangsmiete DM 20.000,00 p.m.)
  Indexierung: (Lebenshaltungskosten eines Vier-Personen-Haushalts von Arbeitern und Angestellten mittleren Einkommens, Anpassung jeweils bei Änderung von 10 % der Basis) unterstellte Inflationsrate 1,8 bis 2,0 %/Jahr.

- Steuersatz 40 %

- Fertigstellung: 12/1998
  Mietbeginn: 1/1999

Die Entwicklung der Einnahmen und Ausgaben über einen Zeitraum von 26 Jahren zeigt das nachfolgende Tableau im Fünf-Jahres-Turnus, das vom ersten vollen Mietjahr 1999 bis zum Jahre 2024 geht (alle Zahlen in TDM).

Tabelle 2.1: Einnahmen und Ausgaben zu Fall A

	1999 TDM	2004 TDM	2009 TDM	2014 TDM	2019 TDM	2024 TDM
Mieteinnahmen vor Steuern	240	264	290	319	351	386
Ausgaben für:						
Zinszahlungen	− 151	− 137	− 135	− 101	− 52	− 0
Instandhaltung, nicht umlagefähige Nebenkosten	− 6	− 6	− 6	− 7	− 7	− 8
Tilgungen	− 36	− 50	− 75	− 109	− 158	
Summe Ausgaben vor Steuern	−193	−193	−216	−217	−217	− 8
Summe Einnahmen vor Steuern	240	264	290	319	351	386
Überschuß vor Steuern	47	71	74	102	134	378
./. Steuererhöhung Investition	− 13	− 28	− 46	− 72	− 104	− 139
Überschuß nach Steuern	34	43	28	30	30	239

Aufgrund der vertraglich vereinbarten Indexierung wurde unterstellt, daß die Mieteinnahmen in einem Zeitabstand von fünf Jahren um jeweils 10 % steigen.

Im Beispiel wurde davon ausgegangen, daß jeweils eine volle Anpassung an die Steigerung des Lebenshaltungskostenindexes erfolgt, in der Praxis lassen sich manchmal nur Anpassungen, etwa 60 oder 70 %, der Indexsteigerung durchsetzen.

Bei der gewählten Finanzierungsform (Annuitätendarlehen mit nominell 6,5 % Zins, nach zehn Jahren Anpassung auf 7,5 % und 1,5 % Tilgung) zeigt die Langfristrechnung die sogenannte Zins- und Tilgungsschere: Fallenden Zinsen stehen steigende Tilgungen gegenüber.

Belaufen sich die Zinsen im ersten Mietjahr noch auf DM 151.000,00, fallen diese bis zum Jahr:

- 2019 auf DM 52.000,00
- 2020 auf DM 40.000,00
- 2021 auf DM 26.000,00
- 2022 auf DM 12.000,00.

Im Jahre 2024 ist das Darlehen getilgt.

Die ersparten Zinsen erhöhen entsprechend die Tilgungsquote, die von DM 36.000,00 auf DM 158.000,00 im Jahre 2019 bis auf DM 198.000,00 im Jahre 2022 steigt.

Die *Zinsschere* beeinflußt maßgeblich die Steuerbelastung der Einkünfte aus dem Objekt. Unter der Annahme, daß der Investor während der Behaltensdauer durchgehend einen Steuersatz von 40 % hat, steigt die Steuerbelastung aus dem Objekt von rund DM 13.000,00 im Erstjahr auf DM 139.000,00 im Jahre 2024; die beachtlichen Überschüsse vor Steuer verringern sich entsprechend.

Gleichwohl erwirtschaftet das Objekt vor Steuern wie auch nach Steuern Überschüsse, aus denen auch die Tilgung der Darlehen bestritten werden kann.

Vor Steuern steigen die liquiden Überschüsse nach Tilgung von DM 47.000,00 bis auf DM 134.000,00 im Jahre 2019 bzw. DM 378.000,00 nach vollständiger Entschuldung im Jahr 2024.

Dabei wurde unterstellt, daß alle Nebenkosten mit Ausnahme der Instandhaltungsrücklage umgelegt werden.

Die Überschüsse nach Tilgung und nach Einkommensteuer sind bis zur vollständigen Entschuldung des Objektes nahezu konstant und liegen im Schnitt bei rund DM 30.000,00 jährlich.

Hier wird deutlich, daß sich durch Variationen in der Finanzierung oder durch Kombinationsmodelle nicht unerhebliche Verbesserungen erzielen lassen. Werden beispielsweise die anfallenden liquiden Überschüsse für vorzeitige Tilgung oder zur Ansparung von Kapital oder zum Abschluß von Lebensversicherungen eingesetzt, die für vorzeitige Tilgungen verwendet werden, läßt sich die Liquidität noch erheblich verbessern. Das Objekt trägt sich mithin selbst.

Zins- und Tilgungsleistungen können aus den Mieteinnahmen bestritten werden, was keine Selbstverständlichkeit ist, schon gar nicht bei sogenannten *Steuersparmodellen*.

Nach Verrechnung von Zinsen und Tilgungen verbleiben beachtliche laufende Überschüsse, so daß auch Zinserhöhungen, die über die prognostizierte Steigerung von 1 % nach Ablauf des zehnjährigen Bindungszeitraumes hinausgehen sollten, verkraftet werden können.

Anders als bei *Steuersparmodellen* ist der Investor nicht darauf angewiesen, sonstiges Einkommen oder die sogenannte *Steuerersparnis* zur Finanzierung einzusetzen. Die Bonität des Mieters und die Indexierung garantieren das Einkommen über den Mietzeitraum.

Das Objekt ist im Modell nach 25 Jahren schuldenfrei; durch Kombination mehrerer Finanzierungsmodelle können vorzeitige Entschuldungen erreicht werden.

Für die Gesamtbeurteilung wesentlich ist naturgemäß, ob das Objekt auch nach Auslaufen des Mietvertrags weiterhin zu einem angemessenen Mietzins vermietet werden kann. Dies ist bei einer Einzelmaßnahme deutlich schwerer zu prognostizieren als bei einer gemischten Investition. Der Investor wird also sorgfältig prüfen, ob ggf. eine anderweitige gewerbliche Vermietung oder Umwandlung in Wohnraum möglich ist, falls der Mieter den Vertrag nicht verlängert.

Fall B

Errichtung eines gemischt genutzten Gebäudes mit einer dreigruppigen Kindertagesstätte (KiTa), zehn Wohnungen und einer Tiefgarage mit zehn Stellplätzen

- Nutzfläche nach DIN 277 (KiTa): 550 m^2
- Wohnfläche: 700 m^2
- Umbauter Raum nach DIN 277: 6.700 m^3
- Grundstückskosten einschließlich
  Erwerbsnebenkosten und Erschließung   DM   750.000,00
- Baukosten einschließlich Hausanschlüsse
  (DIN 276, Kostengruppen 230, 300 und 400)   DM 3.250.000,00
  Aufteilung:
     KiTa   DM 1.350.000,00
     Wohnungen   DM 1.650.000,00
     Tiefgarage   DM   250.000,00
- Außenanlagen (ohne Spielgerät)
  (DIN 276, Kostengruppen 510 bis 530)   DM   140.000,00
  Aufteilung:
     KiTa   DM   100.000,00
     Wohnungen   DM   20.000,00
     Tiefgarage   DM   20.000,00
- Nebenkosten
  (DIN 276, Kostengruppen 730, 770)   DM   500.000,00
  Aufteilung:
     KiTa   DM   215.000,00
     Wohnungen   DM   255.000,00
     Tiefgarage   DM   30.000,00
- Einrichtung KiTa
  nur Festeinbauten wie Lampen, Küchen, Garderoben DM   50.000,00
- Bauzeitzinsen
  (DIN 276, Kostengruppe 760)   DM   150.000,00

Investitionsaufwand gesamt: DM 4.840.000,00

Die hier genannten Kostengruppen beziehen sich auf die DIN 276 vom Juni 1993. Die ab Januar 1996 geltende HOAI schreibt jedoch für Honorar-Abrechnungen noch die Kostenermittlung nach der alten DIN 276 vom April 1981 vor.

- Eigenkapital/Eigenleistung   DM   968.000,00 (20%)
- Fremdmittel   DM 3.872.000,00 (80%)
  Zinssatz 6,5%, zehn Jahre fest
  Änderung nach zehn Jahren auf 7,5% (geschätzt als Durchschnittswert)
- Tilgung 1,5% zzgl. ersparter Zinsen (Laufzeit 25 Jahre)
- Mieteinnahmen
  KiTa DM 24,00/m^2
  Wohnungen 17,50/m^2
  Tiefgarage DM 100,00/Stellplatz

2.4 Investorenmodell

Indexierung: (Lebenshaltungskosten eines Vier-Personen-Haushalts von Arbeitern und Angestellten mittleren Einkommens, Anpassung jeweils bei Änderung von 10% der Basis) unterstellte Inflationsrate 1,8 bis 2,0%/Jahr.

- Steuersatz 40%
- Fertigstellung: 12/1998, Mietbeginn: 1/1999
- Abschreibung: KiTa 2% linear, Wohnungen 5% degressiv (mit Änderungen durch die Steuerreform 1999 ist zu rechnen)

Die Entwicklung der Einnahmen und Ausgaben über einen Zeitraum von 26 Jahren zeigt die folgende Tabelle im Fünf-Jahres-Turnus, wiederum vom ersten vollen Mietjahr 1999 bis zum Jahre 2024.

Tabelle 2.2: Einnahmen und Ausgaben zu Fall B

	1999 TDM	2004 TDM	2009 TDM	2014 TDM	2019 TDM	2024 TDM
Mieten KiTa	158	174	191	211	233	257
Mieten Wohnungen	159	174	192	212	234	258
Einnahmen vor Steuern	317	348	383	423	467	515
Ausgaben für:						
Zinszahlungen	− 249	− 226	− 224	− 168	− 86	− 0
Instandhaltung, nicht umlagefähige Nebenkosten	− 6	− 6	− 6	− 6	− 7	− 7
Tilgungen	− 60	− 83	− 124	− 180	− 262	
Summe Ausgaben vor Steuern	−315	−315	−354	−354	−355	− 7
Summe Einnahmen vor Steuern	317	348	383	423	467	515
Überschuß vor Steuern	2	33	29	69	112	508
+ Steuerminderung Investition	36	14	0	0	0	0
./. Steuererhöhung Investition	0	0	− 29	− 78	− 129	− 183
Überschuß/Unterdeckung nach Steuern	38	47	0	− 9	− 17	325

Wie im Fall A steht die Entwicklung der Mieten unter der Annahme einer jährlichen Inflationsrate zwischen 1,8 und 2%. Dies scheint im Hinblick darauf, daß in der Vergangenheit die Durchschnittswerte höher lagen, angemessen. Der Prognosezeitraum reicht weit über den geplanten Beginn der Europäischen Währungsunion hinaus. Welchen Inflationseinflüssen der EURO ausgesetzt sein wird, kann heute noch nicht gesagt werden. Bei Abfassung der Indexklausel ist jedenfalls auch auf die Einführung dieser Währungseinheit Rücksicht zu nehmen.

Aufgrund der Indexierung wurde davon ausgegangen, daß im Schnitt alle fünf Jahre eine Mietanpassung um 10 % erfolgt. Bei den Wohnungsmieten setzt dies den Abschluß langfristiger Mietverträge und die Einhaltung der gesetzlichen Mietbestimmungen voraus. Die Mieteinnahmen steigen vom ersten vollen Mietjahr 1999 von DM 317.000,00 unter den obigen Annahmen bis auf DM 515.000,00 im Jahre 2024.

Die gewählte Finanzierungsform zeigt in der Entwicklung von Zinsen und Tilgungen wiederum die bereits von Beispiel A bekannte *Zinsschere*. Während die Zinszahlungen von anfänglich rund DM 249.000,00 bis zur Entschuldung im Jahre 2024 auf Null sinken, steigen die Tilgungen von rund DM 60.000,00 im Erstjahr bis auf:

- DM 262.000,00 im Jahre 2019
- DM 282.000,00 im Jahre 2020
- DM 304.000,00 im Jahre 2021
- DM 328.000,00 im Jahre 2022,

um dann im Jahre 2023 auf rund DM 92.000,00 zurückzugehen.

Vor Verrechnung von Einkommensteuer auf die Einkünfte aus dem Objekt werden durchgehend liquide Überschüsse erwirtschaftet, die neben der Zins- auch die Tilgungsleistung abdecken.

Die Abschreibung auf die KiTa wurde mit 2 % linear angenommen, die Abschreibung auf den Wohnungsbestand wurde entsprechend § 7 Abs. 5 EStG mit dem derzeit gültigen Satz von degressiv 5 % angesetzt, im Zuge der Steuerreform muß hier allerdings mit Einschränkungen gerechnet werden.

Außenanlagen und Einrichtungen werden wie im Fall A auf zehn Jahre linear abgeschrieben. Die lineare AfA auf die KiTa beträgt daher durchgehend rund DM 31.000,00, während die degressive Abschreibung auf die Wohneinheiten von anfänglich DM 109.000,00 ab dem Jahre 2006 auf rund DM 44.000,00 und ab dem Jahre 2012 auf DM 27.000,00 zurückgeht.

Bis zum Jahre 2005 werden steuerliche Verluste erzielt, die sich steuermindernd auswirken, so daß sich in dieser Zeit die Liquidität um die nicht gezahlten Steuern erhöht.

Mit Rückgang der degressiven Abschreibung ab dem Jahre 2006 werden steuerliche positive Überschüsse erzielt. Entsprechend steigt die Steuerbelastung des Investors, die durchgehend mit 40 % angenommen wurde. Unter den gezeigten Annahmen hat dies zur Folge, daß die Überschüsse vor Steuern in dem Zeitraum 2013 bis 2022 durch die Einkommensteuer auf das Objekt aufgezehrt werden, so daß aus sonstigem Einkommen Zuschüsse von DM 10.000,00 – ansteigend bis auf DM 25.000,00 – bis zum Jahre 2022 geleistet werden müssen.

Der Investor hat hier, wie im Fall A, daher Überlegungen anzustellen, ob durch Beimischung anderer Finanzierungsformen, wie vorzeitige Tilgung, Einbau von Lebensversicherungen etc., eine vorzeitige Entschuldung erreicht werden kann.

Die persönlichen Einkommens- und Steuerverhältnisse müssen ebenfalls über den Planungszeitraum prognostiziert werden.

Zusammenfassend kann gesagt werden, daß auch die Alternative B eine lohnenswerte Investition ist. Die gesamte Kapitalrendite mit anfänglich 6,55 % liegt im oberen Drittel einer durchschnittlichen Renditeerwartung.

Die Liquidität ist ebenfalls zufriedenstellend, da über einen langen Zeitraum sowohl Zins als auch Tilgung und sonstige Ausgaben aus dem Objekt heraus getragen werden können.

Durch vorzeitige Tilgung und steuersparende Maßnahmen im persönlichen Bereich lassen sich die Auswirkungen der Zinsschere mildern oder überkompensieren.

Die Bonität des Mieters der KiTa garantiert langfristig die Einnahmen. Im Wohnungsbereich muß wie bei jeder Investition im Wohnungsbau ein gewisses Mietausfallrisiko einkalkuliert werden, im Hinblick auf die prognostizierten Überschüsse scheint dies aber durchaus verkraftbar.

Die Nutzungsart als gemischte Immobilie läßt auch den Vermögenszuwachs als gesichert erscheinen, der Investor wird bereits bei der Bauplanung die Möglichkeit einer anderweitigen Nutzung der für die KiTa vorgesehenen Fläche nach Auslaufen des Mietvertrags und einer sich daran anschließende Nutzungsänderung berücksichtigen, z.B. durch Umwandlung in Wohnraum.

Pachtvertrag

Nachdem die Rahmenbedingungen geklärt sind und das Finanzierungskonzept steht, wird mit dem Träger der Pachtvertrag verhandelt. Der Inhalt dieses Pachtvertrages ist neben den Standardbeschreibungen und den baulichen Richtlinien wesentliche Grundlage des zu erwartenden Leistungsumfangs. Diese sollten vor Beginn des Engagements ausgehandelt werden, um nachträgliche Überraschungen zu vermeiden.

Die mobile Inneneinrichtung und die Ausstattung der Spielfläche sollten immer vom Träger beigestellt werden. Neben der Tatsache, daß diese in großem Umfang von den Ländern bezuschußt werden, wäre das Risiko für den Investor hoch, wenn er auch in diesem Bereich für Unterhaltung, Reparaturen und Ersatzbeschaffung aufkommen müßte. Diese Vereinbarung ist als einer der wichtigsten Punkte im Pachtvertrag anzusehen.

Auf folgende weitere Bedingungen sollte der Investor im Pachtvertrag unbedingt achten:

- lange Laufzeiten von 20 und mehr Jahren, möglichst mit einer Verlängerungsoption
- Mietanpassung durch Indexregelung
- Übernahme der Renovierung durch den Mieter in angemessenen Zeitabständen
- Übernahme von kleineren Reparaturen (etwa bis DM 250,00 je Einzelfall) und Ersatz von beschädigten Gegenständen der Mietsache durch den Träger
- Zustimmungspflicht des Vermieters bei Umbaumaßnahmen, die der Träger beabsichtigt
- Berechtigung des Vermieters zur Durchführung von baulichen Veränderungen, z.B. Änderung an der Energieversorgung
- Zustimmungspflicht des Vermieters bei Untervermietung oder Nutzungsänderung
- Pflege der Außenanlage, Straßenreinigung, Schneeräumungs- und Streupflicht durch den Mieter
- Übergabeprotokoll bei Mietbeginn und Mietende

Es empfiehlt sich den Vertrag durch einen Rechtsberater prüfen zu lassen.

3 Entwurfsgrundlagen

3.1 Anforderungen der Träger

Die verschiedenen Träger legen die Grundlagen für Kindertagesstätten in ihren Raumprogrammen und Standardleistungsbeschreibungen fest. Diese weichen zum Teil erheblich voneinander ab. Von daher ist die Kenntnis dieser Anforderungen eine elementare Voraussetzung bei der Planung.

Unterschiede liegen sowohl in der Gruppenstruktur als auch im Flächenbedarf.

Pädagogische Anforderungen

Die Ansätze und Schwerpunkte für die pädagogische Arbeit bei der Kinderbetreuung sind sehr unterschiedlich. Aber in Bezug auf die Gestaltung der Gebäude wird doch gemeinsam gefordert:

- überschaubare Gebäude,
  - in denen sich Kinder unterschiedlichen Alters wohlfühlen und zurechtfinden.
  - in denen ausreichend Platz für unbeschwertes Spiel, Aktivitäten in der Großgruppe genau wie in der Kleingruppe, aber auch der Rückzug möglich sind.
  - in denen die Kinder differenzierte Raumstrukturen mit unterschiedlichen Ebenen, verschiedenartigen Materialien und Licht und Schatten erleben [7].
- Außenspielflächen für abwechslungsreiches Spiel genauso wie Erleben und Kennenlernen der Natur [7].

Raumprogramm

Grundlage des Entwurfs und wichtige Entscheidungshilfe bei der Auswahl des Grundstücks ist das oben schon erwähnte Raumprogramm. Die unterschiedlichen Raumgrößen und deren funktionelle Abhängigkeit untereinander bilden den Maßstab für Flächenbedarf und -zuschnitt.

Tabelle 3.1: Gruppenstärken in Kindergärten, nach Ländern

Land	Regelstärke	Mindestens	Höchstens	Ausnahme	Altersgemischt mit Kleinkindern
Baden-Württemberg[1]	25 (20)[2]		28 (20)		
Bayern			25		
Hessen		20	25		
Niedersachsen			25		geringere Stärke
Nordrhein-Westfalen	25 (20)			30 (25)	15
Rheinland-Pfalz	25 (22)	15			15
Saarland		20	25		
Schleswig-Holstein	18	6		20	15
Berlin	15				
Bremen		15	20		
Hamburg			20	22	
Brandenburg					
Mecklenburg-Vorpommern	18				
Sachsen					
Sachsen-Anhalt		6 (Entwurf)	20 (Entwurf)		
Thüringen		15	18	21/25	

1 In Baden-Württemberg sind alle Regelungen formal ausgesetzt, de facto aber noch in Kraft.
2 Die Zahlen in Klammern beziehen sich auf Ganztagskindergärten, sofern zutreffend.

Vergleicht man die Richtlinien einzelner Bundesländer und Gemeinden, ist festzustellen, daß es differierende Schwerpunkte und Maßstäbe gibt.

Als Gruppengrößen sind Vorgaben von 15 bis 25 Kinder anzutreffen. Dabei sind für altersgemischte Gruppen weniger, für Einheiten mit Kindern von drei bis sechs Jahren größere Zahlen anzusetzen. Dreigruppige Einrichtungen bieten demnach 50 bis 65 Plätze an, ein Kindergarten mit fünf Gruppen hat 90 bis 110 Plätze.

Eine Ausnahme stellt das Raumprogramm für Berlin dar. Hier wird bevorzugt von einer altersgemischten Struktur aller Gruppen vom Krippen- bis zum Hortalter ausgegangen. Die Gruppengröße beträgt 14 Kinder und beansprucht einen Flächenbedarf von

63,50 m², verteilt auf den Gruppenraum mit 37,50 m² und den Nebenraum mit 26,00 m². Entsprechend wird eine sechsgruppige Einrichtung für 84 Plätze geschaffen. Hierdurch soll dem für Berlin überdurchschnittlichen Bedarf an wohnungsnaher Betreuung von Kindern, bedingt durch den bundesweit höchsten Anteil an berufstätigen Frauen, Rechnung getragen werden [3], [4], [5].

Mit dem veränderten pädagogischen Anspruch, sicherlich aber auch durch wachsenden Wohlstand wurden die Raumprogramme in der Vergangenheit stetig erweitert.

Sah man noch bis in die 60er Jahre einen Raum pro Gruppe plus zentrale Sanitäreinheiten als ausreichend an, kamen später Ausweich- oder Nebenräume, gruppenbezogene Wasch- und Toilettenräume, großzügig gestaltete Eingangshallen und Mehrzweckräume hinzu.

Sparzwänge der öffentlichen Hände haben jedoch dazu geführt, neuerdings beim Raumbedarf zu einer gewissen Relativierung der als notwendig angesehenen Flächen zu kommen. So wurden die jahrelang vorgesehenen gruppenbezogenen Abstellräume vielfach gestrichen. Hintergrund ist hier sicherlich der Wunsch nach Reduzierung der (Miet-)Flächen.

Gleiches gilt für den Nebenraum oder kleinen Gruppenraum, der nicht überall geplant ist. Dieser wird oft nur als gruppenübergreifender, gemeinsam nutzbarer Ausweichraum gefordert. Er dient der Möglichkeit, sich mit einigen Kindern zu besonderen Arbeiten zurückzuziehen. Als Beispiel sei hier die Erziehung im Vorschulalter oder eine Nutzung als Schlaf- und Ruheraum genannt.

Auch sehen die Raumprogramme nicht immer einen Mehrzweckraum für Veranstaltungen, Gymnastik etc. vor, zum Beispiel in Berlin.

Verkehrsflächen

Die Verkehrsflächen haben nicht nur Erschließungsfunktion. Hier befinden sich zumeist die Garderoben; sie sind aber auch Wartezone für die Eltern bei Abgabe und Abholung ihrer Kinder, und sie werden häufig als Kommunikations- bzw. Freifläche bei Schlechtwetter genutzt.

Von daher ist der Platz ausgewogen zu bemessen. Aus Wirtschaftlichkeitsgründen sollte der Anteil der Verkehrsflächen jedoch 20 % der Gesamtfläche nicht übersteigen.

Die Breite von Fluren und Gängen ist mit mindestens 1,70 m, im Bereich von Garderoben mit 2,00 m vorzusehen.

Beispiel einer großzügig geplanten Halle als Multifunktionsfläche

Gruppenräume

Die Raumgrößen sind abhängig von ihrer geplanten Nutzung. Man unterscheidet grundsätzlich folgende Gruppenstrukturen:

- *Kindergartengruppe*
  18 bis 25 Kinder* im Alter von drei bis sechs Jahren ohne Mittagsbetreuung

- *Kindertagesstättengruppe*
  15 bis 20 Kinder* im Alter von drei bis sechs Jahren in Ganztagsbetreuung

- *Krippen- oder kleine altersgemischte Gruppe*
  12 bis 15 Kinder* im Säuglingsalter bis zum sechsten Lebensjahr in Ganztagsbetreuung

- *Große altersgemischte Gruppe*
  15 bis 20 Kinder* im Alter von drei bis 16 Jahren in Ganztags- bzw. Nachmittagsbetreuung

- *Hortgruppe*
  16 bis 20 Kinder* im Alter von sechs bis 15 Jahren in Nachmittagsbetreuung

Im Bereich vieler Jugendämter sind integrierte Gruppen für behinderte und nichtbehinderte Kinder vorgesehen. Wegen des erforderlichen Bedarfs an behinderten-/rollstuhlgerechtem Ausbau und speziellen Nebenräumen sowie Therapeutikpersonal empfiehlt es sich, mindestens zwei integrierte Gruppen in einer Einrichtung zu planen.

Der Flächenbedarf kann grundsätzlich mit 2,5 m²/Kind für den Gruppenraum, bei Säuglingen und in integrierten Einrichtungen entsprechend höher mit bis zu 5,0 m²/Kind angesetzt werden.

Die Gesamtfläche einer Einrichtung beträgt einschließlich der Nebenräume, Flure etc. pro Gruppe 150 bis 180 m². Je kleiner die Einrichtung, desto höher der Anteil. Demnach ist für eine dreigruppige KiTa ca. 520 bis 550 m², für eine fünfgruppige KiTa ca. 750 bis 800 m² Gesamtfläche anzusetzen.

Nachfolgend ein Standardprogramm unter Berücksichtigung der unterschiedlichen Vorgaben der einzelnen Landesjugendämter bzw. potentiellen Träger:

Kindergartengruppe

Gruppenraum	42 bis 48 m²
zusätzlicher kleiner Gruppenraum*	18 bis 24 m²
Sanitärbereich mit zwei Kindertoiletten, drei Waschbecken und Handtuchhaken	10 bis 12 m²
Garderobe im Verkehrsbereich/Gruppeneingang	
gruppenbezogener Abstellraum*	5 bis 8 m²

* Abhängig von der Leistungsbeschreibung des zuständigen Jugendamtes

Kindertagesstättengruppe

Raumprogramm wie Kindergartengruppe, ggf. separater Schlaf-/Ruheraum

Krippen- oder kleine altersgemischte Gruppe

Gruppenraum	42 bis 48 m²
zusätzlicher kleiner Gruppenraum*	18 bis 24 m²
Sanitärbereich mit zwei Kindertoiletten, drei Waschbecken, Handtuchhaken, Dusch-/Babywanne und Wickeltisch	15 bis 18 m²
Säuglingsraum als Ruheraum	12 bis 15 m²
Garderobe im Verkehrsbereich/Gruppeneingang	
gruppenbezogener Abstellraum*	5 bis 8 m²

Große altersgemischte Gruppe

Gruppenraum	42 bis 48 m²
zusätzlicher kleiner Gruppenraum*	18 bis 24 m²
Sanitärbereich, getrennt für Mädchen und Jungen mit jeweils einer Toilette, zwei Waschbecken und Handtuchhaken, je	5 bis 8 m²
Schularbeitsraum/Werkraum	22 bis 28 m²
Garderobe im Verkehrsbereich/Gruppeneingang	
gruppenbezogener Abstellraum*	5 bis 8 m²

Spielecke in einem großen Gruppenraum

Hortgruppe

Raumprogramm wie große altersgemischte Gruppe

Integrierte Gruppe

Gruppenraum	42 bis 48 m²
zusätzlicher kleiner Gruppenraum*	18 bis 24 m²
Sanitärbereich mit zwei Kindertoiletten, drei Waschbecken, Handtuchhaken und Pflegeecke mit Duschwanne	15 bis 18 m²
Therapieraum	12 bis 15 m²
Hausarbeitsraum für Waschmaschine und Trockner, ggf. in Sanitärbereich integriert	6 bis 10 m²

* Abhängig von der Leistungsbeschreibung des zuständigen Jugendamtes

Schaffung individueller Raumgestaltung mit einfachen Dekorationselementen unter Mitwirkung der Kinder

Nebenräume/Gemeinschaftsräume

Die Größe dieser Räume ist in starkem Maße abhängig von der Gesamtgröße der Einrichtung.

Eingangs-/Flurbereich (Halle) mit Windfang soll ca. 20%-Anteil von der Gesamtfläche betragen.

Die übrigen Neben-/Gemeinschaftsräume haben je nach Größe der Einrichtung folgende Flächen:

Küche mit angrenzender Speisekammer, zentral gelegen	5 bis 25 m²
Teeküche*, ggf. erforderlich in zweigeschossigen Einrichtungen	8 bis 12 m²
Büroraum für Leiter/in, Nähe Eingang	12 bis 16 m²
Personalraum mit Garderobenschränken	15 bis 30 m²
Personaltoilette mit Waschbecken, Bemessung nach Arbeitsstättenverordnung ggf. weitere Toiletten im ersten OG.	6 bis 12 m²
Duschraum*	3 bis 04 m²
Putzmittelraum mit Ausgußbecken Be- und Entlüftung	6 bis 10 m²
ggf. zweite Putzkammer im ersten OG	2 bis 4 m²
Zentraler Abstellraum	12 bis 25 m²**
Mehrzweck- und Turnraum	50 bis 65 m²
mit angrenzendem Geräteraum	10 bis 15 m²

* Abhängig von der Leistungsbeschreibung des zuständigen Jugendamtes
** Auch abhängig von der Einrichtung gruppenbezogener Abstellraum

Beispiel eines Mehrzweckraums mit ballwurfsicherer Aluminiumdecke und Turngeräte

Werkraum, gruppenübergreifend (wenn
nicht bereits bei großer altersgemischter
Gruppe oder Hortgruppe berücksichtigt)
mit Wasseranschluß   22 bis 28 m^2

Kleingruppen- und Funktionsräume (wenn
nicht als kleiner Gruppenraum berücksichtigt)   15 bis 25 m^2

Raum für Wäschereinigung und -trocknung* ca.   0 bis 15 m^2

Abstellraum für Außenspielgeräte mit
ebenerdigem Zugang von der Spielfläche   12 bis 20 m^2

* Abhängig von der Leistungsbeschreibung des zuständigen Jugendamtes

Preiswerte und originelle Lösung eines Abstellraumes für Außenspielgeräte mittels Bauwagen

Außenspielfläche

Die Einrichtung muß über eine angemessene Außenspielfläche verfügen. Die Größe richtet sich nach der Anzahl der Kinder. Als Bemessungsgrundlage dienen 300 m^2/Gruppe bzw. 14 bis 20 m^2/Kind.

Die Richtlinien der Bundesländer Bayern und Thüringen sehen als Mindestgröße 10 m^2 je Kind vor. Diese Größe ermöglicht unter Umständen den Bau einer Einrichtung auf kleineren Grundstücken.

Die Flächenaufteilung kann grob wie folgt angegeben werden:

- 10 bis 20 % Sandspielfläche
- 20 bis 30 % befestigte Flächen
- Rest Rasenfläche.

3.2 Beschränkung der Herstellungs- und Folgekosten

Wie schon festgestellt, besteht einerseits nach wie vor ein großer Bedarf an neuen Kindertagesstätten bzw. deren Instandhaltung; andererseits gehen die zur Verfügung stehenden Mittel in den Haushalten von Ländern, Kommunen und freien Trägern drastisch zurück.

Es kommt also darauf an, die knapp gewordenen Mittel möglichst effektiv einzusetzen, um bei günstigen Baukosten pädagogisch hochwertige, gut gestaltete Kindergärten mit langlebiger, gesunder Baukonstruktion zu schaffen.

Kostenvergleich

Bei kaum einer anderen Bauaufgabe mit einem ähnlichen Raumprogramm schwankte in der Vergangenheit die Höhe der benötigten Baukosten so extrem wie beim Bau von Kindertagesstätten.

Eine Untersuchung der Baukostenberatung der Architektenkammer Baden-Württemberg (BKB) und des Kosteninformationsdienstes der Architektenkammer Nordrhein-Westfalen mit dem Titel: »*Kosten im Hochbau – Planungskennzahlen und Kostenkennwerte Kindergärten*«[*] weist z.B. beim Neubau dreigruppiger Kindergärten Bauwerkskosten pro Gruppe von DM 293.500,00 bis DM 1.074.900,00 bei einem Mittelwert von DM 479.200,00 aus.

Die Kostenkennwerte[*] bewegen sich in folgenden Beträgen:

- Fläche
  DM/m² Nutzfläche   DM 1.621,00 bis 9.538,00/m²

  Mittelwert   DM 3.469,00/m²

- Volumen
  DM/m³ Bruttorauminhalt   DM 288,00 bis 1.876,00/m³

  Mittelwert   DM 606,00/m³

[*] Kostenstand: 2. Quartal 1995

Weitere Daten enthält die Tabelle 3.2. Diese wurde aus eigenen Projekten, Daten der Baukostenberatung der Architektenkammer Baden-Württemberg, des Kosteninformationsdienstes der Architektenkammer Nordrhein-Westfalen [6] sowie Untersuchungen Städtischer Kindergärten der Stadt Bonn [8] zusammengestellt.

3.2 Beschränkung der Herstellungs- und Folgekosten

Tabelle 3.2: Kostenkennwerte Kindergärten

	Projekte	AK BW und NW: 17 Objekte[2]			Im Pannenhack Rösrath	Im Wieschen Köln-Dellbrück	Alter Mühlenweg Köln-Deutz	Pariser Str. Bonn[5]	Zoppoter Str. Bonn[5]	Am Donewald Köln-Dünnwald	Brüser Berg Bonn[5]
		Minimum	Durchschnitt	Maximum							
Bauart	Fertigstellung/Kostenstand	1995	1995	1995	1995	1995	1995	1994	1995	1997	1993
	Bauart				freistehend	integriert	integriert	freistehend	freistehend	freistehend	freistehend
	Geschosse				2	2	2	1	1	2	1
Nutzer	Anzahl der Gruppen	3	3	3	3	3	4	4	4	5	5
	Anzahl der Kinder	70	70	70	70	65	85	ca. 80	100	100	95
	Kinder/Gruppe	23,3	23,3	23,3	23,3	21,7	21,3	20	25	20	19
Flächen in m²	Nettogrundrißfläche[3]	461	545	679	553	520	813	559	565	795	717
	NGF/Gruppe[3]	154	182	226	184	173	203	140	141	159	143
	NGF/Kind[3]	6,6	7,8	9,7	7,9	8	9,6	7	5,7	8	7,6
Volumen in m³	Bruttorauminhalt	1719	2521	3152	2275	2160	3265	2314	2347	3540	3443
	BRI/Gruppe	573	840	1051	758	720	816	579	587	708	689
	BRI/Kind	28	35	44	32,5	33	38	29	24	35	36
	BRI/NGF[3]	3,73	4,63	9,7	4,11	4,15	4,27	4,14	4,15	4,45	4,80
Kosten in DM[1]	200 Erschließungen	8000	36000	135000	129345			56921	75125		8650
	300 Bauwerke	778000	1226000	2728000	941205	1072400	1685204	1090161	1133210	1653000	1985251
	400 Technische Anlage	102000	212000	497000	195766			257229	209084		387331
	Bauwerk (300 + 400)	880000	1438000	3225000	1136971			[2] 1347390	[2] 1342294		2372582
	500 Außenanlagen	81000	145000	251000	[1] 83022	[4] 64400	[4] 115000	279384	313332	[4] 120000	427007
	600 Ausstattung		8000	22000		[6] 41500	[6] 131000			[6] 68000	249455
	700 Baunebenkosten	120000	211000	346000	159532	169500		210000	250000	260000	180000
Kostenkennwerte in DM	Bauwerk/Gruppe	293500	479200	1074900	378991	357467	421300	336848	335574	330600	474516
	Bauwerk/Kind	12600	21200	71700	16242	16499	19826	16842	13423	16530	24975
	Bauwerk/NGF[3]	1909	2250	4017	2055	2062	2073	2410	2376	2079	3309
	Bauwerk/BRI	512	486	866	500	497	516	582	572	467	689
	Außenanlage/Gruppe	27000	48333	83667	22674	21467	28750	69846	78333	24000	85401
	Außenanlage/Kind	1157	2071	3586	1186	991	1353	3492	3133	1200	4495

1 Kostenstand Mai 1995   2 Quelle: Kosten im Hochbau »Planungskennzahl und Kostenkennwerte Kindergärten«, Baukostenberatung AK BW+NW, 1994   3 Wert bezieht sich auf Nutzfl. »a« + Verkehrsfl. nach DIN 277
4 Wert ohne Ausstattung   5 Quelle: Dokumentation »Neue Kindergärten in Bonn«, Stadt Bonn 1996   6 nur Küchen, Kinderküchen, Garderoben, Beleuchtung

Begrenzung der Investitionskosten

Grundlagenermittlung

Der erste wichtige Schritt bei der Beschränkung der Investitionskosten ist die sorgfältige Bestandsaufnahme des Grundstücks zu:

- Gründungsverhältnissen
- Altlasten
- Bewuchs
- Emissionen.

Nur so können später teure Umplanungen oder Zusatzmaßnahmen vermieden werden (siehe auch Abschnitt 3.7 *Checklisten zur Grundlagenermittlung*).

Weiterhin müssen die Anforderungen des Trägers, die Besonderheiten des pädagogischen Konzeptes, die Gruppenstruktur sowie die Einbeziehung von Eltern in die Planung geklärt und abgestimmt sein.

Optimierung von Flächen und Baukörpern

Die entscheidensten Einsparungen können in der Phase des Vorentwurfs bei der Festlegung des Raumprogramms und der Baukörperform erreicht werden. Gemeinsam mit den Pädagogen werden Möglichkeiten der Flächenreduzierung untersucht, z.B. [7], [24]:

- gruppenübergreifende Nutzung von Abstellräumen
- Minimierung der Flurflächen
- Nutzung der Sanitärbereiche durch zwei Gruppen

Die Baukörperform sollte kompakt sein und möglichst geringe Hüllflächen aufweisen. Deshalb sollten zweigeschossige Lösungen angestrebt werden. Dreigeschossige Anlagen kommen nur in Ausnahmefällen in Frage, z.B. bei sehr engen Grundstücksverhältnissen.

Auf eine Unterkellerung ist möglichst zu verzichten.

SÜDANSICHT (GARTENSEITE)

Fünfgruppige Einrichtung in kompakter, zweigeschossiger Bauweise

Mehrfachnutzung des Grundstücks

Eine weitere entscheidende Reduzierung der Gesamtkosten ergibt sich bei der Integration von Kindertagesstätten in größere Gebäude, insbesondere durch die höhere Ausnutzung des Grundstücks und die kompaktere Baukonstruktion.

Ausstattungsstandard

Auch die Ausstattungsstandards sollen zu einem frühen Planungsstand mit dem Träger der Einrichtung im Hinblick auf Kostenreduzierung diskutiert werden. So werden z.B. folgende Fragen geklärt: Muß jedes Waschbecken einen Warmwasseranschluß haben? Muß als Sonnenschutz eine elektrisch angetriebene Markise eingebaut werden?

Material- und Konstruktionswahl

Einfache, gebräuchliche Konstruktionen, die von örtlichen Handwerksfirmen ausgeführt werden können, wirken sich ebenfalls kostensenkend aus [7]. Vor Materialentscheidungen sollten unbedingt Kostenvergleiche angestellt werden [27].

Eigenhilfe

Immer häufiger legen Eltern und Erzieher bei Neubau und Umbau der Einrichtungen für ihre Kinder selbst mit Hand an. Insbesondere bei Ausbauarbeiten und der Herrichtung der Außenanlagen lassen sich dadurch beachtliche Einsparungen erzielen [7], [27].

Mehrfachnutzung mit viergruppiger KiTA im Erdgeschoß und 1. Obergeschoß, darüber 16 Wohnungen mit Aufzug

Kindergärten und Kindertagesstätten nach dem Bonner Modell

3 Teile

(2gruppiger Kindergarten)
2 Gruppenelemente
1 Mehrzweckelement

4 Teile

(3gruppiger Kindergarten)
3 Gruppenelemente
1 Mehrzweckelement

5 Teile

(4gruppiger Kindergarten)
4 Gruppenelemente
1 Mehrzweckelement
Mittelteil geschlossen

6 Teile

(4gruppiger Kindergarten)
4 Gruppenelemente
1 Mehrzweckelement
1 Personalelement

7 Teile

(5gruppiger Kindergarten)
5 Gruppenelemente
1 Mehrzweckelement

Typenentwürfe

Für die Kindertagesstätten wurden in der Vergangenheit verschiedentlich Typenentwürfe entwickelt, die nach Baukastensystem unterschiedlich große Einrichtungen ermöglichen. Diese wurden für Elemente – oder auch Massivbauweise – konzipiert.

Beispielhaft wird hier das »Bonner Modell« dargestellt, das vom Hochbauamt der Stadt Bonn entwickelt wurde. Zum wirtschaftlichen Vergleich wird auf Tabelle 3.2 *Objekt Zoppoter Straße* verwiesen.

Jedes Element bildet eine Gruppeneinheit, die aus Gruppen- und Nebenraum, Sanitärraum und Abstellraum bestehen.

Je nach Größe der KiTa sind zusätzliche Räume, wie Mehrzweckraum, Personalräume, in weiteren Segmenten untergebracht.

Der Mehrzweckraum kann auch im Mittelteil untergebracht werden. So ergeben sich sehr unterschiedliche Kombinationsmöglichkeiten.

Die Ausführung ist in konventioneller oder Fertigteilbauweise möglich.

Bisher wurden fünf Einrichtungen gebaut, eine befindet sich in Planung (in zweigeschossiger Bauweise).

Quelle: [8]

3.2 Beschränkung der Herstellungs- und Folgekosten

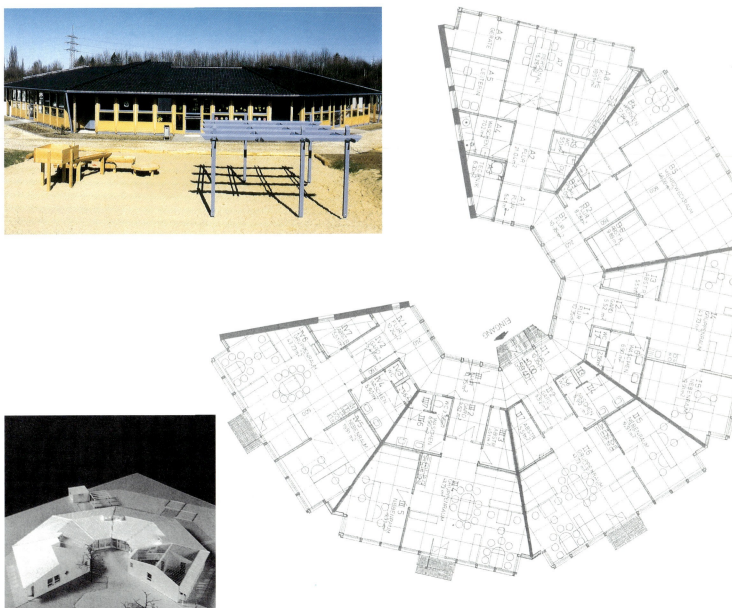

Quelle: [8]

Möglichkeit langfristiger wirtschaftlicher Nutzung

Kindertagesstätten sind einem ständigen Wandel unterworfen. Dadurch ändern sich die Anforderungen an die Räumlichkeiten. Um hohe Umbaukosten zu vermeiden, sollte schon beim Vorentwurf auf Flexibilität geachtet werden, und kombinierte Einrichtungen angestrebt werden (siehe Abschnitt 1.3) [7].

- Austauschbarkeit von Funktionen: Säuglingsraum wird z. B. Werkraum; Werkraum wird kleiner Gruppenraum
- Anlegen von zukünftig erforderlichen Türöffnungen in der Tragstruktur
- Anpassungsfähigkeit der Heizungs-/Elektro- und Sanitärinstallation

Es ist sinnvoll, beim Konzept für eine Kindertagesstätte auch für einen späteren Zeitpunkt die Möglichkeit ganz anderer Nutzungen, zum Beispiel Wohn- oder Gewerbefläche, vorzusehen (siehe Projektbeispiel, Kapitel 5).

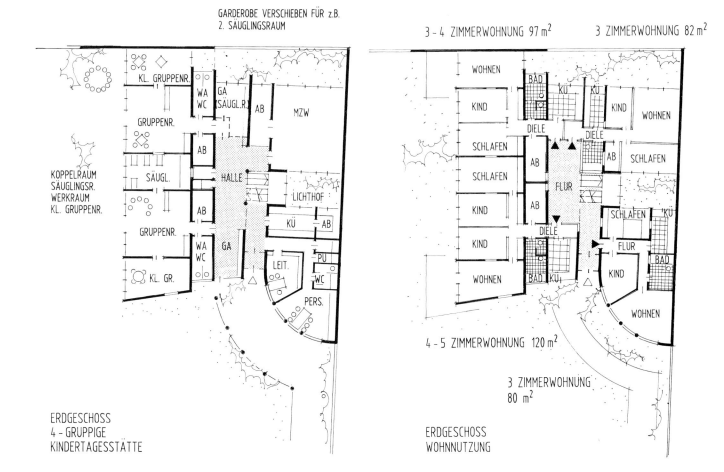

Einsparungsmöglichkeiten bei Betriebskosten

Neben der Optimierung der Investitionskosten muß alles getan werden, um die gebäudebezogenen Betriebskosten auch im Hinblick auf wahrscheinlich steigende Energiepreise möglichst gering zu halten.

Energiesparkonzept

Schon im Vorentwurf werden die Entscheidungen für einen niedrigen Energieverbrauch getroffen:

- Orientierung der Aufenthaltsräume mit großen Fenstern nach Süden
- Nebenräume mit kleinen Fenstern nach Norden
- Reduzierung der Hüllfläche durch kompakte Bauweise
- Anordnung von Oberlichtern zur Belichtung und Energieeinstrahlung von innenliegenden Hallen, Treppenhäusern u.ä.
- ausreichende natürliche Belichtung zur Reduzierung des Stromverbrauchs.

Belichtung innenliegender Halle und tiefer Gruppenräume durch Dachverglasung und Oberlicht

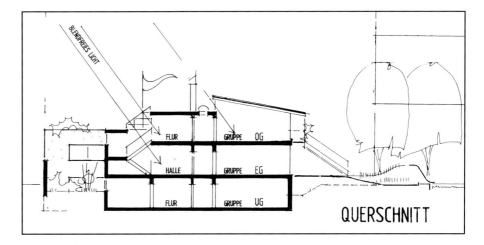

Wärmedämmung

Bei günstigen Grundrißlösungen lassen sich mit verhältnismäßig geringem Kostenaufwand für den Einbau von dickeren Dämmschichten und Wärmeschutzverglasung die Energieverluste deutlich, d.h. um 25% und mehr, unter die Grenzen der Wärmeschutzverordnung (WSchVO) 1995 senken.

Der Einsparungseffekt an Heizenergiekosten liegt allerdings sehr niedrig.

Jahresheizwärmebedarf nach WSchVO   75 kWh/m^2 a
Reduzierung auf 75%   56 kWh/m^2 a
                                                           19 kWh/m^2 a

Dies ergibt bei einer dreigruppigen Einrichtung mit 550 m^2 Nutzfläche eine Einsparung von:

19 kWh/m^{2}a x 550 m^2 = 10.450 kWh/a
oder   870 kWh/Monat.

Die eingesparten Kosten betragen z.B. bei Gas:

870 kWh/Monat : 11 kWh/m^3 x 0,75 DM/m^3 = DM 59,32/Monat
oder
DM 59,83/Monat : 550 m^2 = DM 0,109/m^2 x Monat

Bei den derzeitigen Energiepreisen ist der Energiespareffekt gering. Nennenswerter Spielraum für zusätzliche Investionen entsteht dadurch nicht. Es kommt also darauf an, die Energieeinsparung ohne Erhöhung der Baukosten zu erreichen. So müssen z. B. Mehrkosten für Wärmeschutzverglasung durch Verkleinerung der Fenster an nördlichen Fassaden ausgeglichen werden.

Stromverbrauch

Zur Reduzierung des Stromverbrauchs tragen bei:
- ausreichende natürliche Belichtung
- zentrale Warmwasserbereitung im Zusammenhang mit der Heizanlage
- Verwendung energiesparender Geräte und Lampen.

Heizung

Niedertemperaturheizungen mit Brennwertkessel gehören heute bei Kindertagesstätten zum Standard. Den erhöhten Kosten für die Brennwerttechnik stehen Einsparungen beim Schornstein gegenüber. Auch die oft sehr teuren Ausstiegsvorrichtungen für die Kaminreinigung über Dach können entfallen.

Warmwasserbereitung

In Kindertagesstätten wird verhältnismäßig wenig Warmwasser benötigt. Insofern können nur kleine, aber dennoch lohnende Einsparungen erreicht werden. Größere Investitionen, z. B. für Solarkollektoranlagen, sollten von detaillierten Wirtschaftlichkeitsberechnungen abhängig gemacht werden. Jedenfalls sollte eine zentrale Warmwasseranlage vorgesehen werden. Dann besteht die Möglichkeit, später eine Solarkollektoranlage zuzuschalten.

Eine Untersuchung ergab für eine dreigruppige Anlage mit 65 Kindern
eine benötigte Warmwassermenge von   ca. 250 l/Tag.

Regenwassernutzung

Für Toiletten und Gartenbewässerung kann Regenwasser verwendet werden. Dadurch reduzieren sich der Wasserverbrauch und oft auch die Kanalgebühren.

Beispielrechnung für eine dreigruppige Anlage, 65 Kinder:

Auffangfläche:	750 m²
erforderliche Größe der Zysterne:	15 m³
Benötigte Wassermenge für WC + Garten:	1040 l/Tag
Deckungsgrad durch Regenwassernutzung:	ca. 66 %
Einsparung an Wasserverbrauch:	1040 l x 0,66 x 240 Nutzertage = 165 m³
Einsparung:	165 m³ x DM 2,20/m³ = DM 362,42/Jahr
Einsparung an Kanalgebühren*	165 m³ x DM 2,79/m³ = DM 460,35/Jahr
Gesamtsumme der Einsparung	DM 822,77/Jahr
Die Investitionskosten für eine Regenwassernutzungsanlage liegen bei ca.	DM 10.000,00 bis 15.000,00

*) Viele Gemeinden überlegen hier andere Regelungen für die Abrechnung, z.B. Meßuhren für den Regenwasserverbrauch.

Regenwasserversickerung

Grundsätzlich sollte die Möglichkeit geschaffen werden, daß Regenwasser auf dem Grundstück wieder versickert. Hierdurch reduzieren sich ebenfalls die Kanalgebühren, z.B. in Köln zur Zeit:
pro 1 m² befestigte Fläche   um DM 2,35/m² im Jahr,
bei 500 m² befestigter Fläche   um DM 1.175,00 im Jahr.

Tabelle 3.3: Betriebskosten
Beispiel dreigruppige Einrichtung mit 70 Kinder, Inbetriebnahme 1996

Heizung (Gas) und Brauchwassererwärmung	DM 7.788,00/Jahr
Strom	DM 2.890,00/Jahr
Wasser	DM 660,00/Jahr
Kanalgebühr	DM 551,00/Jahr
Kanalgebühr Niederschlag	DM 890,00/Jahr
Abfallentsorgung	DM 910,00/Jahr
Gebäudeversicherung	DM 2.186,00/Jahr
Grundsteuer	DM 5.328,00/Jahr

Unterhaltungskosten

Robuste, pflegeleichte Konstruktionen

Bei allen Konstruktions- und Materialentscheidungen muß der Planer beachten, daß

- Oberflächen robust und wenig schmutzempfindlich sind
- die Reinigung leicht durchzuführen ist.

Die Unterhaltsreinigung wird meist an Reinigungsunternehmen vergeben, die objektbezogen entsprechend dem Schwierigkeitsgrad kalkulieren. Wenn z.B. nur von hohen Leitern oder Grüsten gereinigt werden kann, steigen die Reinigungskosten.

Regelmäßige Wartung

Durch regelmäßige Wartung werden die Reparaturkosten gesenkt. Für technische Anlagen können die Wartungskosten schon bei der Vergabe der Bauaufträge unter Konkurrenz mit angeboten werden.

Einbruchschutz

Da in Kindergärten immer häufiger eingebrochen wird, empfiehlt sich als Schutzmaßnahme, Sicherheitsglas (wegen des Unfallschutzes an den meisten Fenstern und Türen ohnehin erforderlich) in Kombination mit Sicherheitsbeschlägen an Fensterflügeln und Türen einzubauen. Dies ist insgesamt mit ca. DM 140,00 Aufpreis pro Flügelrahmen zu kalkulieren.

Zusammenstellung der Einsparmöglichkeiten

		Planungskosten	Baukosten	Finanzierungskosten	Betriebs- und Folgekosten
1.	**Grundlagen**				
1.1	Bedarfsplanung JHG				
	Frühzeitige Festlegung des (der):				
1.2	Trägers	X		X	
1.3	Gruppenstruktur, evtl. besondere Anforderungen	X		X	
1.4	Investitionsverfahren	X		X	
1.5	Vergabeverfahren Wettbewerb, Grundstücksvergabe	X		X	
1.6	Klare Struktur für Zusammenarbeit Behörden, Träger	X		X	
1.7	Kurze Genehmigungsverfahren	X		X	
2.	**Bauplanungsverfahren**				
2.1	Frühzeitige Bestandsaufnahme: Planungsrecht, Grundstück und Bestand, Vorschriften, Ansprechpartner, Fachplaner, Anforderung des Trägers	X	X		
2.3	Kosten- und Terminplanung sowie Kostenkontrolle	X	X	X	X
2.4	Planungsoptimierung bezogen auf Investitions- und Folgekosten		X	X	X
2.5	Intensive Vergabevorbereitung		X	X	
2.6	Beteiligung der Kinder an Entscheidung		X		X
3.	**Planungskonzept**				
3.1	Kompakte Bauweise		X	X	X
3.2	Integration in größere Gebäude		X	X	X
3.3	Passive Sonnenenergienutzung		X		X
3.4	Anpassungsfähige Raumstruktur				X
3.5	Alternative Nutzungsmöglichkeiten			X	X
3.6	Baukastensysteme	X	X	X	X
3.7	Flächenreduzierung durch: – Standardsenkung		X	X	X
	– Minimierung der Verkehrsflächen		X	X	X
	– Gruppenübergreifende Nutzung		X	X	

3.8	Natürliche Belichtung und Belüftung			
4.	**Baukonstruktion**			
4.1	Einfache ortsübliche Konstruktion			
4.2	Verwendung standardisierter Bauteile			
4.3	Standardreduzierung			
4.4	Reduzierung fester Einbauten			
4.5	Robuste pflegeleichte Materialien und Konstruktionen			
4.6	Einbruchschutz			
4.7	Sehr gute Wärmedämmung			
4.8	Verwendung umweltverträglicher Baustoffe			
5.	**Technische Ausrüstung**			
5.1	Heizung – Brennwerttechnik			
	– effektive Steuerung			
5.2	Warmwasser – Reduzierung des Standards			
	– Verbrauchsreduzierende Armaturen			
	– Solarkollektoranlage (vom Einzelfall abhängig)			
5.3	Regenwassernutzung, -versickerung			
5.4	Elektro – Standardreduzierung			
	– verbrauchsmindernde Geräte			
6.	**Außenspielfläche**			
6.1	Verwendung natürlicher Materialien			
	– Wiederverwendung gebrauchter Materialien			
7.	**Finanzierung**			
7.1	Eigenhilfe von Eltern, Erziehern und Kindern			
7.2	Wirtschaftliche Prüfung der unterschiedlichen Verfahren, Investorenmodell oder Eigenfinanzierung			
7.3	Sponsoring			
8.	**Unterhaltung**			
8.1	Regelmäßige Wartung			

3.3 Unfallschutz

Ein äußerst wichtiges Thema beim Neubau und Umbau von Kindertagesstätten ist der Unfallschutz. Die jeweiligen Anforderungen müssen vor Ausführungsbeginn sehr sorgfältig geklärt werden, um später teure Veränderungen zu vermeiden.

Wegen ihrer zentralen Bedeutung und konkreten Formulierung wurden die Richtlinien für Kindergärten – Bau und Ausrüstung (GUV 6/4) Ausgabe Oktober 1992 [15], bearbeitet von der Fachgruppe »Schul- und Kindergartenbau« des Bundesverbandes der Unfallversicherungsträger der öffentlichen Hand e. V. – BAGUV – hier aufgenommen (Seite 63 bis 67).

In den einzelnen Bundesländern werden meist die staatlichen Gewerbeaufsichtsämter und bei Bauvorhaben kommunaler Träger die technischen Abteilungen der Gemeinde-Unfallversicherungsverbände mit der Formulierung und Prüfung der Unfallschutzanforderungen beauftragt.

Grundsätzlich lohnt es immer, mit den Unfallschutzbeauftragten die Notwendigkeit von Auflagen im Einzelfall zu verhandeln. So werden z. B. oft Törchen an Treppen gefordert, die pädagogisch unerwünscht sind und deren Verzicht dann gemeinsam verabredet werden kann.

In den Planungs- und Konstruktionshinweisen der übrigen Kapitel wurden die Vorschriften zum Unfallschutz sowie die praktischen Erfahrungen beim Bau von Kindertagesstätten berücksichtigt.

Zum Unfallschutz bei Außenspielflächen wird auf Abschnitt 4.16 verwiesen.

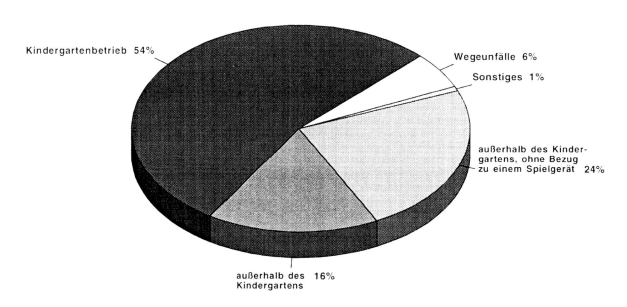

Quelle: [24]

3.3 Unfallschutz

Richtlinien für Kindergärten
– Bau und Ausrüstung –

16.4

(GUV 16.4)

Ausgabe Oktober 1992

Bearbeitet von der Fachgruppe „Schul- und Kindergartenbau" des Bundesverbandes der Unfallversicherungsträger der öffentlichen Hand e. V. – BAGUV –.

Herausgegeben vom Bundesverband der Unfallversicherungsträger der öffentlichen Hand e. V. – BAGUV – Fockensteinstraße 1, 81539 München.

Vorbemerkungen

Unfallverhütung im Kindergarten erfordert einerseits Erziehung zu sicherheitsbewußtem Verhalten sowie notwendige organisatorische Maßnahmen für einen sicheren Ablauf des Kindergartenbetriebes, andererseits aber auch eine sichere Gestaltung der Gebäude, Bauteile, Einrichtungsgegenstände und der Außenanlagen.

Die technische Gestaltung dieser äußeren Gegebenheiten muß dem natürlichen Bewegungsdrang der Kinder Rechnung tragen, aber auch berücksichtigen, daß die Bewegung des einzelnen von der Gruppe mitbestimmt wird.

Die Richtlinien enthalten sicherheitstechnische Anforderungen an Kindergärten.

Zu den jeweiligen Anforderungen sind als Erläuterung beispielhafte Aufzählungen, erläuternde Hinweise, Hinweise auf andere Vorschriften oder Regeln der Technik sowie die Wiedergabe einzelner Bestimmungen aus diesen in *Kursivschrift* abgedruckt.

Die in diesen Richtlinien enthaltenen technischen Regeln schließen andere, mindestens ebenso sichere Lösungen nicht aus, die auch in technischen Regeln anderer EG-Mitgliedsstaaten ihren Niederschlag gefunden haben können.

---

1 Anwendungsbereich

Die Richtlinien sind anzuwenden auf Bauteile, Einrichtungsgegenstände und Außenanlagen in Aufenthaltsbereichen, die Kindern in Kindergärten bestimmungsgemäß zugänglich sind.

2 Bauteile und Einrichtungsgegenstände in Aufenthaltsbereichen

2.1 Allgemeine Anforderungen

2.1.1 Ecken und Kanten an Bauteilen und Einrichtungsgegenständen müssen abgerundet (Radius r ≥ 2 mm) oder entsprechend stark gefast sein.

Dies gilt für Begrenzungsmauern, Randsteine von Beeten, Bänke, Treppenstufen, Wände, Stützen, Türen, Heizkörper einschließlich Armaturen, Schränke, Ablagen, Tische, Stühle, Tafeln, Kunstobjekte, usw.

Für Kinderspielgeräte siehe DIN 7926 Teil 1 „Kinderspielgeräte; Begriffe, Sicherheitstechnische Anforderungen, Prüfung".

Mehrzweckräume siehe auch Abschnitt 4.1.

2.1.2 Bauteile und Einrichtungsgegenstände dürfen keine Spitzen aufweisen.

Nicht vermeidbare, in Aufenthaltsbereiche vorstehende Spitzen sind Abzuschirmen.

2.1.3 Stolperstellen in Aufenthaltsbereichen sind zu vermeiden.

Stolperstellen sind z. B. Einzelstufen, Türpuffer oder -feststeller, die mehr als 15 cm von der Wand abstehen, nicht bündig liegende Abdeckungen von Vertiefungen.

2.2 Gebäudeeingänge

2.2.1 Podeste vor Gebäudeeingängen müssen bei nach außen aufschlagenden Türen eine Mindesttiefe von Türblattbreite plus 40 cm aufweisen.

2.2.2 Zur Erhaltung der rutschhemmenden Eigenschaft des Bodenbelags (siehe Abschnitt 2.3.1) sind im Bereich der Gebäudeeingänge großflächige, mit der Fußbodenoberkante bündig liegende Schuhabstreifmatten vorzusehen. Sie müssen die gesamte Eingangsbreite erfassen und am Haupteingang mindestens 1,30 m tief sein.

16.4

2.3 Bodenbeläge

2.3.1 Für Fußböden sind Bodenbeläge mit rutschhemmenden Eigenschaften zu verwenden.

Im Außenbereich sind polierte Kunststeine und Materialien mit ähnlich glatter Oberfläche ungeeignet.

2.3.2 Als Bodenbeläge sind solche Materialien zu verwenden, die Verletzungsfolgen von Stürzen gering halten.

Im Außenbereich ist z.B. Rasen geeignet.

Nicht geeignet sind z.B. Splitt-, Schlacken- und Grobkiesbeläge.

2.4 Wände und Stützen

2.4.1 Oberflächen von Wänden und Stützen dürfen vom Fußboden bis in eine Höhe von mindestens 1,50 m nicht spitzig-rauh sein.

Geeignet ist z.B. glattverputztes Mauerwerk oder vollverfugtes Sichtmauerwerk aus glatten Steinen.

2.5 Verglasungen

2.5.1 Verglasungen müssen vom Fußboden bis in eine Höhe von mindestens 1,50 m aus Sicherheitsglas oder Materialien mit gleichwertigen Sicherheitseigenschaften bestehen.

Sicherheitsglas ist Einscheiben-Sicherheitsglas (ESG) oder Verbund-Sicherheitsglas (VSG) nach DIN 18 361 „VOB Verdingungsordnung für Bauleistungen; Teil C: Allgemeine Technische Vertragsbedingungen für Bauleistungen (ATV); Verglasungsarbeiten", Abschnitt 2.3.6.3.

Drahtglas ist kein Sicherheitsglas. Siehe auch Broschüre „Mehr Sicherheit bei Glasbruch" (GUV 56.3).

Sicherheitsglas ist nicht erforderlich, wenn Glasflächen z.B. durch Fensterbänke, Schränke, Gitter, im Außenbereich durch eine etwa 1 m tiefe bepflanzte Schutzzone dem Zugang der Kinder entzogen werden.

2.5.2 Glasflächen, die bis in die Nähe des Fußbodens reichen, müssen deutlich gekennzeichnet sein.

2.6 Türen

2.6.1 Türen müssen leicht zu öffnen und zu schließen sein.

2.6.2 Raumtüren dürfen nicht in Verkehrsbereiche hineinschlagen.

Dies wird z.B. erreicht, wenn Raumtüren nach innen aufschlagen oder in ausreichend tiefen Nischen angeordnet sind.

2.6.3 Pendeltüren sind nicht zulässig.

2.6.4 Quetsch- und Scherstellen an Türen von Sanitärkabinen sind zu vermeiden.

2.6.5 Griffe, Hebel und Schlösser müssen so beschaffen und angeordnet sein, daß Quetsch- und Scherstellen sowie Gefährdungen durch scharfe Kanten vermieden werden.

Dies wird z.B. erreicht, wenn
– Türdrücker aus Rundmaterial ausgeführt,
– Kanten im Berührungsbereich gerundet,
– Griffe, Hebel und Schlösser mit einem Abstand zur Gegenschließkante von mindestens 25 mm lichter Weite angeordnet sind.

2.7 Fenster

2.7.1 Lüftungsflügel dürfen im geöffneten Zustand nicht in die Aufenthaltsbereiche hineinragen.

2.7.2 Lüftungsflügel von Kipp- und Schwingfenstern sind gegen Herabfallen zu sichern.

2.7.3 Betätigungshebel für Oberlichtflügel dürfen in keiner Stellung in die Aufenthaltsbereiche ragen.

2.7.4 Beschläge müssen so beschaffen bzw. angeordnet sein, daß Handverletzungen bei ihrer Benutzung ausgeschlossen sind.

2.8 Treppen, Stufen

2.8.1 Auftrittsflächen von Stufen müssen erkennbar und rutschhemmend, Stufenvorderkanten leicht abgerundet sein.

2.8.2 Einzelstufen sind in Aufenthaltsbereichen grundsätzlich nicht zulässig. Sind einzelne Stufen unvermeidbar, müssen sie durch Farbgebung oder Verwendung andersartiger Materialien gegenüber dem angrenzenden Bodenbelag deutlich gekennzeichnet sein.

3.3 Unfallschutz

16.4

2.8.3 Treppen müssen auf beiden Seiten Handläufe haben.

2.8.4 Handläufe müssen so angeordnet und gestaltet sein, daß sie von Kinderhänden durchgehend benutzt werden können. Die Enden müssen so beschaffen sein, daß Hängenbleiben verhindert wird.

2.8.5 Seitliche Abstände zwischen Treppenwange und Wand und zwischen Treppenwange und Geländer dürfen nicht größer als 4 cm sein.

2.9 Umwehrungen

2.9.1 Umwehrungen – ausgenommen Fensterbrüstungen – müssen mindestens 1 m hoch sein.

Anforderungen an
- Kinderspielgeräte siehe DIN 7926 Teil 1 „Kinderspielgeräte, Sicherheitstechnische Anforderungen, Prüfung",
- erhöhte Spielebenen in Gruppenräumen, siehe Abschnitt 2.11.1.

2.9.2 Umwehrungen sind so auszuführen, daß Kinder nicht hindurchfallen können und nicht zum Klettern, Aufsitzen und Rutschen verleitet werden.

Bei Umwehrungen mit senkrechten Zwischenstäben darf deren lichter Abstand nicht mehr als 12 cm betragen.

2.10 Einrichtungsgegenstände

2.10.1 Hängeschränke, Installationsteile u. ä. feste und bewegliche Einrichtungsgegenstände sind so anzuordnen, daß Verletzungsgefahren vermieden werden.

Dies wird z. B. erreicht, wenn derartige Einrichtungsgegenstände in Nischen untergebracht bzw. entsprechend abgeschirmt werden. Anforderungen an Ecken und Kanten von Einrichtungsgegenständen siehe Abschnitt 2.1.1.

2.10.2 Füße und Streben von Stellwänden, Ständern u. ä. Einrichtungsgegenständen müssen so ausgebildet bzw. abgeschirmt sein, daß keine Stolpergefahren entstehen.

2.10.3 Rollbare Einrichtungsgegenstände (z. B. Garderoben, Tafeln) müssen eine Feststellvorrichtung haben.

2.10.4 Schubladen müssen gegen Herausfallen gesichert sein.

2.10.5 Für die Verglasung von Einrichtungsgegenständen wie Schränke, Schaukästen u. dgl. gilt Abschnitt 2.5.

16.4

2.11 Erhöhte Spielebenen in Gruppenräumen

2.11.1 Auf Spielebenen bis zu einer Höhe von 1,50 m müssen Umwehrungen mit einer Höhe von mindestens 70 cm, auf Spielebenen von mehr als 1,50 m Höhe von mindestens 1 m vorhanden sein.

Anforderungen an die Bauart der Umwehrungen siehe Abschnitt 2.9.2. Ferner sind Umwehrungen so auszubilden, daß der Aufenthaltsbereich unmittelbar hinter der Absturzsicherung eingesehen werden kann (z. B. vertikale Geländerstäbe, durchsichtige Brüstungselemente).

2.11.2 Für das Erreichen der Spielebenen sind sichere Aufstiege vorzusehen.

Hierzu gehören z. B. Treppen mit Geländern. Werden ausnahmsweise Stufen-, Sprossen- oder Steigleitern als Aufstiege vorgesehen, muß über die gesamte Breite der Einstiegsöffnung ein Querriegel in Umwehrungshöhe und bei Spielebenen ab 1 m Höhe im möglichen Fallbereich stoßdämpfender Boden, z. B. Aufsprungmatte nach DIN 7914 Teil 1 „Turn- und Gymnastikgeräte; Matten; Turnmatten; Maße, Sicherheitstechnische Anforderungen und Prüfung", vorhanden sein.

3 Zusätzliche Anforderungen an Außenanlagen

3.1 Allgemeine Anforderungen

3.1.1 An Absätzen von mehr als 20 cm Höhe zwischen Flächen von Aufenthaltsbereichen müssen Sicherungen vorhanden sein.

Solche Sicherungen sind z. B.
- Pflanzstreifen, -tröge
- Bänke
- Geländerbügel
- Brüstungselemente.

3.1.2 Vertiefungen sind zu umwehren oder trittsicher abzudecken. Die Abdeckungen müssen gegen Abheben durch Kinder gesichert sein.

3.1.3 Die Oberfläche der Einfassungen von Sandkästen darf nicht aus scharfkantigem, spitzig-rauhem Material bestehen.

Als Materialien eignen sich z. B. stark gerundete, schwer splitternde Hölzer, Hartgummi. Da sich z. B. Hartgummi unter Sonneneinstrahlung aufheizen kann, sollte er hell eingefärbt sein.

16.4	
3.1.4	Müll- oder andere Behälter, die für Kinder aufgrund der Beschaffenheit oder des Inhalts eine Verletzungs- oder Gesundheitsgefahr darstellen, sind ihrem Zugriff zu entziehen.
3.1.5	Bei der Auswahl von Pflanzen in Aufenthaltsbereichen sind mögliche Gesundheitsgefährdungen zu beachten.
	Siehe auch Broschüre „Giftpflanzen – beschauen, nicht kauen" (GUV 29.15).
3.2	**Teiche, Feuchtbiotope**
3.2.1	Bei Wassertiefen bis maximal 40 cm müssen 1 m breite flachgeneigte, trittsichere Uferzonen vorhanden sein.
3.2.2	Bei Wassertiefen von mehr als 40 cm müssen Einfriedungen vorhanden sein, die Kinder nicht zum Überklettern verleiten.
3.3	**Einfriedungen**
3.3.1	Der Aufenthaltsbereich auf dem Grundstück muß eingefriedet sein.
3.3.2	Einfriedungen müssen mindestens 1 m hoch sein. Sie sind so zu gestalten, daß Klettern daran erschwert wird.
3.3.3	Spitzen und scharfe Kanten sind an und auf Einfriedungen nicht zulässig.
	Stacheldraht, Dornenhecken u. ä. dürfen nicht verwendet werden.
3.4	**Zugänge**
3.4.1	Türen und Tore müssen abschließbar sein.
3.4.2	Besteht an Grundstücksausgängen die Gefahr, daß Kinder in den Straßenverkehr hineinlaufen, sind Sicherungen vorzusehen.
	Als Sicherungen eignen sich z. B. Auffanggeländer, Schleusen. Für Sicherungsmaßnahmen außerhalb des Grundstücks sind Absprachen mit der Straßenverkehrsbehörde erforderlich.
3.4.3	Am Haupteingang ist eine Klingel o. ä. zu installieren.
4	**Zusätzliche Anforderungen an sonstige Bereiche**
4.1	**Mehrzweckräume, die der Bewegungserziehung dienen**
4.1.1	Für Fußböden sind elastische Beläge oder Beläge mit elastischem Untergrund zu verwenden.
4.1.2	Wände müssen vom Fußboden bis in einer Höhe von mindestens 1,50 m ebenflächig und glatt sein. Ausgenommen hiervon sind Turnischen und Fensterwände, wenn Wandecken bzw. Fensterbänke mit einem Radius von 10 mm gerundet oder entsprechend stark gefast sind.
	Vorstehende Teile, ausgenommen Sprossenwände, sind nicht zulässig.
4.1.3	Verglasungen müssen mindestens bis in eine Höhe von 1,50 m in Sicherheitsglas ausgeführt sein.
	Siehe auch Abschnitt 2.5.1.
4.1.4	Türen dürfen nicht nach innen aufschlagen.
4.1.5	Gymnastikgeräte müssen gesondert untergebracht werden.
	Geeignet sind z. B. Wandschränke oder gesonderte Räume.
4.2	**Toiletten- und Waschräume**
4.2.1	Der Fußbodenbelag muß auch bei Nässe rutschhemmend bleiben.
4.2.2	Die Wassertemperatur darf an Entnahmestellen, die Kindern zugänglich sind, nicht mehr als 45° C betragen.
4.3	**Reinigungs- und Desinfektionsmittel**
4.3.1	Für Reinigungs- und Desinfektionsmittel ist ein abschließbarer Aufbewahrungsort vorzusehen.
5	**Steckdosen**
5.1	Steckdosen müssen mit einer Kindersicherung, z. B. 2-poliger Verriegelung versehen sein.
6	**Notruf**
6.1	Für Notrufe muß ein Telefon mit Amtsanschluß vorhanden sein.

16.4

gültigen Anforderungen hinausgehen und die umfangreiche Änderungen der der Einrichtung notwendig machen, sind diese Richtlinien vorbehaltlich des Abschnittes 8.3 nicht anzuwenden.

8.3 Der Unfallversicherungsträger kann verlangen, daß eine Einrichtung entsprechend dieser Richtlinien geändert wird, umgebaut wird,

1. sie wesentlich erweitert oder umgebaut wird,
2. nach der Art des Betriebes vermeidbare Gefahren für Leben und Gesundheit der Versicherten zu befürchten sind.

16.4

7 Kinderspielgeräte

7.1 Kinderspielgeräte müssen entsprechend den allgemein anerkannten sicherheitstechnischen Regeln beschaffen sein und aufgestellt werden.

Dies gilt auch für Kunstobjekte, die als Kinderspielgeräte benutzt werden können.

Siehe Merkblatt „Spielgeräte in Kindergärten" (GUV 26.14) und DIN 7926 Teile 1-5 „Kinderspielgeräte".

7.2 Im Umkreis von Kinderspielgeräten müssen Sicherheitsbereiche freibleiben.

Sicherheitsbereiche sind notwendige Freiräume, die sicherstellen sollen, daß Kinder sich beim Springen oder Fallen von Geräten an anderen Kinderspielgeräten, an Bauteilen u. ä. nicht verletzen.

Freiräume sind in der Regel dann als ausreichend anzusehen, wenn in Sprung- und möglicher Fallrichtung Abstände von 2 m eingehalten werden.

Einschränkungen des Sicherheitsbereiches, z.B. bei Einpunktschaukeln, sind dann zulässig, wenn Konstruktionsteile u. ä. entsprechend abgepolstert werden.

7.3 Bei Auswahl, Ausführung und Aufstellung von Kinderspielgeräten ist darauf zu achten, daß an allen Stellen eine Hilfestellung durch Betreuer möglich ist.

7.4 Der Untergrund in Sicherheitsbereichen von Kinderspielgeräten muß bei Fallhöhen ab 50 cm ungebunden und bei Fallhöhen ab 1 m stoßdämpfend sein.

Ungebundene Böden sind z.B.
– Rasen.

Stoßdämpfende Böden sind z.B.
– nichtbindiger Sand,
– Feinkies mit maximaler Korngröße von 6 mm,
– Fallschutzplatten.

8 Zeitpunkt der Anwendung

8.1 Diese Richtlinien sind ab Oktober 1992 anzuwenden.

8.2 Soweit zum Zeitpunkt der Herausgabe dieser Richtlinien eine Einrichtung errichtet ist oder mit ihrer Errichtung begonnen worden ist und in diesen Richtlinien Anforderungen gestellt werden, die über die bisher

3.4 Brandschutz

Es liegt auf der Hand, daß der Brandschutz in Kindertagesstätten mit größter Sorgfalt geplant werden muß. Die Feuerwehren und Bauaufsichtsämter sehen Kindertagesstätten oft als Gebäude besonderer Art oder Nutzung an (vergleiche BauO NW § 54). Deshalb können oft sehr hohe Anforderungen an den Brandschutz gestellt werden, auch wenn es sich um Gebäude geringer Höhe (bis zwei Vollgeschosse) handelt.

Als Gründe werden angeführt:

- Auf verhältnismäßig kleiner Fläche befinden sich sehr viele Personen.
- Kinder zeigen im Schadensfall ein unberechenbares Verhalten. Eine geordnete Rettung z. B. über Fenster und Leitern ist unter Umständen nur schwer möglich.
- In den Gruppenräumen sind oft höhere Brandlasten durch Spielgerät, Dekorationen aus Stoffen, Pappe und Papier vorhanden.

Anforderungen/Vorschriften

- Landesbauordnungen
- Durchführungsverordnungen
- Sonderverordnungen für bauliche Anlagen besonderer Art und Nutzung (gelten meist nicht für Kindertagesstätten)
- Technische Baubestimmungen
- DIN 4102 Brandverhalten von Baustoffen und Bauteilen
- Richtlinien für Kindergärten – Bau und Ausrüstung – der gesetzlichen Unfallversicherung
- Richtlinien der Sachversicherer

Notausgang, Fluchttür mit hochliegendem Beschlag

Hinweise zur Planung

Bei der Planung von Kindertagesstätten ergeben sich neben der allgemeinen Beachtung der Brandschutzvorschriften folgende typische Schwierigkeiten:

Tragende Baukonstruktion

Bei der Verwendung von Holz und Stahl für tragende Bauteile bei Anlagen mit zwei Vollgeschossen, müssen sehr frühzeitig im Planungsprozeß die Ausführungskonstruktion im Detail mit den Brandschutzbehörden abgestimmt werden. Von entscheidender Bedeutung ist, ob im speziellen Fall die tragenden Teile feuerhemmend (F 30) oder feuerbeständig (F 90) ausgeführt werden müssen. Gute Planungshilfen geben die Beratungsstellen der Fachverbände: Informationsdienst Holz oder Arge Holz und Stahlbauverband, beide in Düsseldorf.

Rettungswege/Treppen

Die Forderung nach unverschlossenen Türen in Fluchtwegen kollidiert mit der betrieblichen Notwendigkeit, die Türen und Tore aus Sicherheits- und Aufsichtsgründen für die Kinder verschlossen zu halten.

3.3 Unfallschutz

In aller Regel sind die Außentüren der Gruppenräume zu den Außenflächen Fluchttüren und müssen in Fluchtrichtung nach außen aufschlagen.

Die Fluchtwege und insbesondere die Notausgänge müssen bei größeren mehrgeschossigen Anlagen meist beschildert werden.

Feuerwehrzufahrten

Bei Kindertagesstätten müssen innerhalb größerer Gebäude manchmal Feuerwehrzufahrten durch die Außenspielfläche bis dicht an das Gebäude geführt werden. Diese Bewegungsfläche für Drehleiterfahrzeuge sind schwer in Außenspielflächen zu integrieren. Oberflächen, die eine Begrünung ermöglichen, wie Rasengittersteine, Schotterrasen, Pflasterbeläge mit Fugen, scheiden aus Gründen des Unfallschutzes aus.

Feuerwehrzufahrt über Zugang und Außenspielfläche mit demontablen Drängelgittern und großer Toranlage

Feuerlöscher

In jeder Kindertagesstätte werden in Abstimmung mit den Brandschutzbehörden Handfeuerlöscher angebracht. Sie müssen deutlich gekennzeichnet sein, in Nischen oder höher als 1,50 m hängen. Sie sollen von ihrer Größe so bemessen sein, daß sie von den Erzieherinnen leicht benutzt werden können.

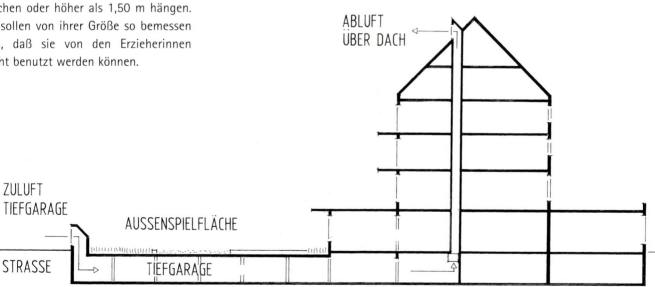

Tiefgaragenentlüftung

Lüftungsöffnungen von Tiefgaragen sollten nicht im Bereich der Außenspielflächen liegen.

Blitzschutz

Oft werden für Kindertagesstätten Blitzschutzanlagen gefordert, obwohl die technische Notwendigkeit nicht besteht. Hier lohnt sich die Diskussion mit den Behörden.

3.5 Ökologie

Für Kinder sollen Räume und Außenspielflächen geschaffen werden, die ihrer Gesundheit und ihrem Wohlbefinden nützen, und das Bauen sollte gerade auch bei Kindergartenum- und -neubau so schonend für die Umwelt sein wie möglich, d.h.:

- geringer Energiebedarf bzw. CO_2-Ausstoß
- Verwendung von Baustoffen, die mit geringem Energieaufwand hergestellt wurden
- Ausgleich von Eingriffen in die Pflanzen- und Tierwelt
- Verbleib des Regenwassers auf dem Grundstück
- Reduzierung des Frischwasserbedarfs.

Erziehung der Kinder zu bewußtem und schonendem Umgang mit Natur und Umwelt muß durch Konzeption des Bauwerks und der Außenspielflächen unterstützt werden. Deshalb sollte bei Investitionsentscheidungen, insbesondere beim Kindergartenbau, die langfristig umweltschonende Wirkung sehr hoch bewertet werden.

Gesunde Baustoffe

Beispiele von Kindergärten und Schulen, die wegen giftiger Baustoffe in ihrem Betrieb eingeschränkt oder gar geschlossen werden, machen drastisch klar, welche Verantwortung Planer und Bauherren bei der Auswahl von Materialien und Konstruktionen tragen. Die meisten Richtlinien zu Bau und Ausstattung von Kindertagesstätten enthalten deshalb auch entsprechende Anforderungen zur Verwendung unbedenklicher Baustoffe, z. B. »Liste umweltverträglicher Baustoffe« des Evangelischen Stadtkirchenverbandes Köln.

Es wird an dieser Stelle auch auf Veröffentlichungen speziell zur Umweltrelevanz von Baustoffen und Materialien verwiesen, z. B. [16], [30], [31].

Produktbeschreibungen der Hersteller sind sorgfältig zu prüfen. In Zweifelsfällen empfiehlt sich eine Beratung durch Umweltschutzdienststellen der Städte und Kreise sowie Verbraucherberatungsstellen (siehe Kapitel 4 *Konstruktionsempfehlungen*).

Bodenbelastung

Möglichst frühzeitig im Planungsprozeß ist auszuschließen, daß das Grundstück für den Kindergarten mit Schadstoffen belastet ist. Im Zweifelsfalle muß ein Gutachten von einem Sachverständigen eingeholt werden.

Raumklima

Für ein gesundes Raumklima sind wichtig [30]:

- atmungsaktive Außenwandkonstruktionen, z. B.
  - einschaliges hochdämmendes Mauerwerk mit Putz
  - Mauerwerk mit Vorsatzschalen aus Wärmedämmung und Verblendung mit Holz oder Putz
  - Holzfachwerkkonstruktion mit Wärmedämmung

- ausreichende Größe schwerer Bauteile mit gutem Wärmespeichervermögen
  - Mauerwerk
  - Betondecken
  - Lehmkonstruktionen
  - Dachbegrünung

3.5 Ökologie

- Fußwärme (siehe auch Abschnitt 3.6)
- gleichmäßige Raumheizung
- gute Lüftungsmöglichkeit (möglichst Querlüftung)
- Sonnenschutz (siehe auch Abschnitt 4.3)

Klimaschutz

Um der weiteren Verschlechterung der Klimabedingungen entgegenzuwirken, muß der CO_2-Ausstoß verringert werden. Der erste Schritt dazu ist die Reduzierung des Wärmebedarfs, der durch Verbrennung von Gas oder Öl gedeckt wird (siehe Abschnitt 3.5).

Bei der Auswahl der Baustoffe sollten neben Eignung und Preis auch der Primärenergiebedarf bei der Herstellung und die Transportwege beachtet werden [30].

Der Einsatz von thermischen Solaranlagen für die Brauchwassererwärmung in Kindertagesstätten ist aus ökologischen Gründen sinnvoll, auch wenn verhältnismäßig wenig Warmwasser benötigt wird. Auch Photovoltaikanlagen zur solaren Stromerzeugung bringen wenig wirtschaftlichen Nutzen oder Entlastung der Umwelt. Trotzdem sollten sie, wenn es finanziell möglich ist, aus pädagogischen Gründen eingebaut werden, um deutliche Beispiele für den schonenden Umgang mit der Natur zu geben.

Die Unterstützung der Raumheizung über Luftkollektoren in Verbindung mit Niedrigtemperatur-Luftheizung oder Boden- und Wandstrahlungsflächen bringt eventuell auch für Kindergärten eine gute Ausnutzung des Strahlungsangebotes der Sonne. Hierzu liegen uns bisher keine Erfahrungswerte oder Kostenangaben vor.

Eingriffsausgleich

Insbesondere wenn Kindergärten in begrünten Bereichen mit sogar geschütztem Pflanzen- und Tierbestand errichtet werden sollen, muß ein Ausgleich für diesen Eingriff in die Natur geschaffen werden, eine entsprechende Abstimmung mit der Unteren Landschaftsbehörde erfolgen und deren Genehmigung eingeholt werden. Auf jeden Fall sollten vom Bestand so viele Pflanzen wie möglich erhalten bleiben. Neben Ersatzpflanzungen bieten auch Dach- und Wandbegrünungen Ausgleichsmöglichkeiten.

Die extensive Dachbepflanzung ergibt jedoch wenig Ausgleichspotential, wirkt sich aber vorteilhaft für den Klimaschutz des Gebäudes aus und ist in der Pflege unproblematisch. Bepflanzungen der Wände bieten für die Kinder ein Stück Naturerlebnis [30].

Regenwassernutzung

Die Sammlung und Verwendung von Regenwasser für

- Bewässerung von Außenanlagen
- Toilettenspülung

ist gerade im Kindergarten sehr sinnvoll und wirtschaftlich (siehe Abschnitt 3.5).

Die offene Ableitung von Regenwasser in Rinnen, Versickerung in Mulden können zur spielerisch lebendigen Gestaltung der Außenspielflächen beitragen.

3.6 Bauphysik

Schall- und Lärmschutz bei Kindergärten

Im Zusammenhang mit Kindergärten denkt man unwillkürlich auch an tobende Kinder und Geschrei. Es ist daher einleuchtend, daß man sich in diesem Zusammenhang Gedanken um den Schallschutz machen muß. Doch auch Kinder wollen manchmal in Ruhe spielen oder sich regenerieren. Man denke nur an den Mittagsschlaf bei Ganztagsbetreuung. Es lassen sich daher für den Schall- und Lärmschutz drei Themenkomplexe aufzeigen:

- Schutz gegen Außenlärm
- Schallschutz gegenüber anderen Nutzungen
- Akustische Gestaltung

Lärmschutz

In der heutigen Zeit der verdichteten Bauweise müssen Kindergärten oft in unmittelbarer Nähe zu Eisenbahnlinien oder Schnellstraßen errichtet werden.

Eindeutige Vorschriften zum Lärmschutz, wie sie z.B. in der DIN 4109 »Schallschutz im Hochbau« für Wohn- und Arbeitsräume vorgegeben sind, existieren für Kindergärten nicht. Der Planer ist daher gezwungen, sich eigenverantwortlich mit diesem Thema auseinanderzusetzen. Dabei sind nicht nur die Innenräume, sondern auch der äußere Spielbereich schalltechnisch zu schützen.

Lagepläne aus einer Lärmschutzuntersuchung für eine Außenspielfläche neben einer Schnellstraße

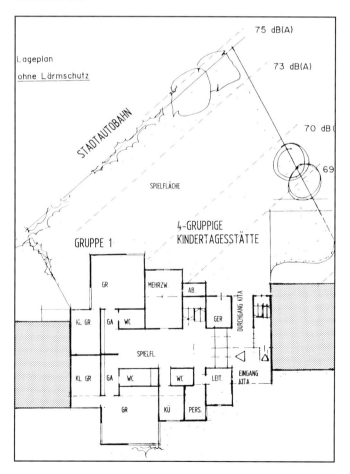
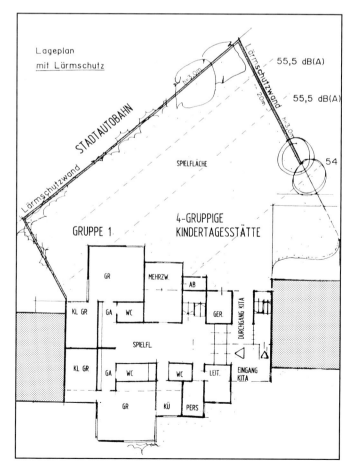

3.6 Bauphysik

Der Schutz von Innenräumen des Kindergartens gegen Außenlärm sollte sich an den Anforderungen der DIN 4109 für Unterrichtsräume orientieren.

Da die erforderliche Schalldämmung der Außenbauteile individuell je nach Raumgröße und Fensterflächenanteil bemessen wird, lassen sich keine allgemeingültigen Angaben aufstellen. Bei massiven Außenbauteilen ist jedoch in der Regel nur die Schalldämmung der Fenster entsprechend auszulegen. Die Lüftung der Räume kann bei hoher Außenlärmbelastung nur in Pausen, indirekt über rückseitige Räume oder schallgedämmte Lüfter, erfolgen.

Auf den Freiflächen sollte ein Lärmpegel von ≤ 60 dB(A) nicht überschritten werden. Ein solcher Pegel wird in 20 m Abstand von Durchgangsstraßen mit 200 Fahrzeugen/Stunde schon erreicht. Es handelt sich dabei um einen Beurteilungspegel, der über die gesamte Tageszeit gemittelt wird.

Schallschutz

Für die Anforderungen an den Schallschutz zwischen Kindergarten und evtl. unmittelbar angrenzenden schalltechnisch zu schützenden (Wohn-)Räumen kann auch auf die DIN 4109 »Schallschutz im Hochbau« zurückgegriffen werden. Es muß hier unterschieden werden zwischen Anforderungen an den Schallschutz der Bauteile im allgemeinen und an die sogenannten Nutzergeräusche. Gemeint sind hier Geräusche, die sich einer allgemeinen Vorhersage entziehen, da sie sich je nach Nutzerverhalten unterscheiden.

In Tabelle 3.4 sind die Anforderungen an den Schallschutz der Bauteile nach DIN 4109 wiedergegeben.

Tabelle 3.4: Anforderungen an den Schallschutz der Bauteile

Bauteil	Bewertetes Bauschalldämm-Maß R'_w in dB	bewerteter Normtrittschallpegel $L'_{n,w}$ in dB
Decke	≥ 55	–
Boden	–	≤ 46
Wände	≥ 55	–

Die hier dargelegten Anforderungen an die Wände können in der Regel mit einschaligen massiven Wänden aus 30 cm dickem Mauerwerk der Rohdichte ≥ 1800 kg/m^3 oder aus 22 cm dicken Betonwänden erfüllt werden. Maßgebend ist dabei nicht nur die Schalldämmung des trennenden Bauteils selbst, sondern auch der Einfluß der flankierenden Bauteile.

Betondecken müssen mindestens ≥ 18 cm dick sein, um die o. a. Schalldämmung zu erreichen. Auch hier wird vorausgesetzt, daß die flankierenden Bauteile ein mittleres Flächengewicht von ≥ 300 kg/m^2 aufweisen. Bei einem mittleren Flächengewicht von 100 kg/m^2 verringert sich die Schalldämmung der Decke um 4 dB, so daß selbst eine 20 cm dicke Betondecke keinen ausreichenden Schallschutz mehr gewährleistet.

Wenn sich die schutzbedürftigen Räume über dem Kindergarten befinden, ist ein guter schwimmender Estrich in der Regel ausreichend. Dies trifft ebenfalls bei seitlich angrenzenden schutzbedürftigen Räumen zu. Wohnräume unter Kindergärten sind normalerweise weder üblich noch sinnvoll.

Innerhalb von Kindergärten ist eine ausreichende Schalldämmung zwischen den Gruppenräumen erforderlich. Anforderungen sind für diese Situation in der DIN 4109 nicht vorhanden. Die Schalldämmung sollte in etwa 48 dB betragen, dies wird z. B. erreicht durch eine 17,5 cm dicke Mauerwerkswand aus Steinen der Rohdichte $\geqq$ 1.800 kg/m^3.

Auch bei einer Ausführung, die die beschriebenen Anforderungen berücksichtigt, kann es jedoch durch das unterschiedliche Verhalten der Kinder zu Störungen kommen, wenn z.B. Stühle verrückt, Türen laut zugeschlagen werden oder Kinder heftig umherspringen. Diese Körperschallanregungen lassen sich z.T. sehr einfach mindern, wenn die Stühle mit Filzunterlagen und die Türen mit entsprechenden weichen Dichtungen versehen werden. Es ist jedoch immer damit zu rechnen, daß sich Spitzenpegel aus dem normalen Geräuschbild herausheben. Dies kann in angrenzenden Wohnräumen als störend empfunden werden, obwohl die zulässigen Werte der DIN 4109 eingehalten wurden.

Raumakustik

Die in einem Raum vorhandene akustische Situation wird bestimmt durch die Ausbildung der raumumschließenden Flächen und die Ausstattung. Jeder hat dies schon erlebt, wenn er in eine noch nicht eingerichtete Wohnung kommt.

Die Anforderungen an die Raumakustik richten sich nach der Nutzung. In den Gruppenräumen von Kindergärten herrscht – bedingt durch die große Anzahl von Kindern – ein hoher Lärmpegel. Durch raumakustische Maßnahmen soll dieser Pegel möglichst gedämpft werden. Dies wird erreicht durch die Anbringung von schallabsorbierenden Flächen. Dazu bietet sich in der Regel die Decke an. Wird zumindest die Hälfte der Deckenfläche schallabsorbierend verkleidet, stellen sich günstige akustische Bedingungen ein. In der Abbildung sind Messungen der Raumakustik im leeren Raum ohne eine schallabsorbierende Fläche, mit einer schallabsorbierenden Fläche (ca. 20 % der Deckenfläche) und der gleiche Raum mit Einrichtung gegenübergestellt.

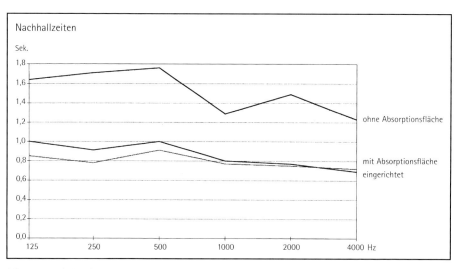

Messungen der Raumakustik

Wärmeschutz von Kindergärten

Wie für alle anderen Gebäude mit Aufenthaltsräumen, gelten auch für Kindergärten die Anforderungen an den Wärmeschutz nach DIN 4108 »Wärmeschutz im Hochbau« und der seit 1995 gültigen dritten Wärmeschutzverordnung. Damit soll ein hygienisches Raumklima, der Schutz der Baukonstruktion vor klimabedingten Feuchteeinwirkungen und deren Folgeschäden sowie ein möglichst geringer Energieverbrauch für Heizung und Kühlung sichergestellt werden.

Die novellierte Wärmeschutzverordnung von 1995 begrenzt den flächenbezogenen Jahres-Heizwärmebedarf auf 54 bis 100 kWh/m²a in Abhängigkeit vom Verhältnis der wärmeübertragenden Umfassungsfläche zum davon eingeschlossenen Bauwerksvolumen. Dies bedeutet z.B. für ein Gebäude mit einem Verhältnis A/V = 0,84 m^{-1} einen maximalen Jahres-Heizwärmebedarf von 88,8 kWh/m²a, bezogen auf die rechnerische Gebäudenutzfläche. Zur Reduzierung des Heizwärmebedarfs ist also ein möglichst kompakter Baukörper anzustreben.

Da Kindergärten häufig einen großen Fensterflächenanteil, etwa 50%, aufweisen und auch bei Wärmeschutzverglasung der Transmissionswärmeverlust durch die Fenster drei- bis viermal größer als durch nichttransparente Fassadenbereiche ist, sollte die Anordnung der Gruppenräume nach Süden und die der Nebenräume als Pufferzonen nach Norden erfolgen.

Die folgende graphische Darstellung zeigt den Einfluß der Fensterflächenorientierung auf den Wärmestrom (in W) bei einem 1 m² großen Fenster mit Wärmeschutzverglasung $k_V \leq 1,3$ W/m²K und einem Energiedurchlaßgrad g = 62% in Holz- oder Kunststoffrahmen. Innentemperatur +20 °C, Außentemperatur 0 °C

Damit werden neben einer Ausleuchtung mit natürlichem Licht und der als besonders angenehm empfundenen direkten Strahlungswärme auch solare Wärmegewinne erzielt, die in den raumumschließenden Bauteilen gespeichert und zeitverzögert wieder an den Raum abgegeben werden.

Die raumumschließenden Bauteile, hier besonders die Innenwände, sollten daher eine möglichst hohe Rohdichte aufweisen, um eine gute Wärmespeicherkapazität aufzuweisen und somit viel Wärmeenergie speichern zu können. Dies ist auch im Sommer wichtig, um den sommerlichen Wärmeschutz der Räume sicherzustellen.

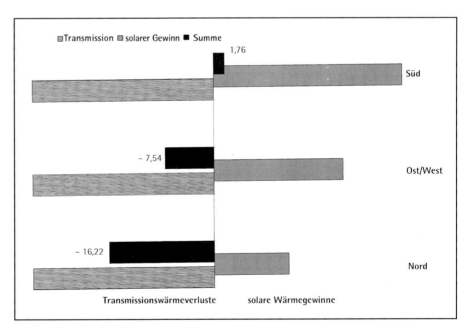

Fensterflächenorientierung

Zur Begrenzung des Energiedurchganges bei Sonneneinstrahlung darf das Produkt aus Gesamtenergiedurchlaßgrad (einschließlich zusätzlicher Sonnenschutzeinrichtungen) und Fensterflächenanteil für jede Fassade, ausgenommen die nach Norden orientierten und verschatteten, den Wert 0,25 nicht überschreiten.

Dies läßt sich bei Südfassaden unproblematisch durch entsprechend große Dachüberstände lösen, die im Winter wegen des dann niedrigeren Sonnenstandes einem solaren Wärmegewinn nicht im Wege stehen. An den Ost- und besonders den Westfassaden wird aufgrund großer Fensterflächenanteile und des hier niedrigeren Sonnenstandes im Sommer ein zusätzlicher Sonnenschutz erforderlich.

Von Sonnenschutzverglasungen sollte abgesehen werden, da diese auch in der Heizperiode die solaren Wärmegewinne stark einschränken und darüber hinaus die Farbwiedergabe beeinträchtigen. Gerade die Farberkennung spielt jedoch im Kindergarten eine große Rolle.

Da die Kinder viel auf dem Boden sitzen und spielen, stellen die Fußböden der Gruppenräume besondere Ansprüche an die Wärmedämmung und das Material des Bodenbelages, um *Fußkälte* auszuschließen.

Daher sollten möglichst keine *kalten* Bodenbeläge, z. B. Fliesen oder PVC, zum Einbau kommen, sondern Materialien wie Holz, Linoleum oder Kork, die über einen geringen Wärmeeindringkoeffizienten und eine hohe Stoffwärme verfügen. Bodenplatten über Erdreich sind mit einer Dampfsperre zu versehen, um ein Aufwölben von dampfdichten Bodenbelägen zu verhindern. Auch wenn keine Fußbodenheizung eingeplant ist, sollte ein Wärmedurchgangskoeffizient von Fußböden über Erdreich, unbeheizten Kellern und Außenluft um den in der Wärmeschutzverordnung für Fußbodenheizungen einzuhaltenden Wert von 0,35 W/m²K angestrebt werden, was einer Dämmschichtdicke von 8 bis 12 cm entspricht.

Tabelle 3.5: Vergleich Wärmeschutzverordnung/Niedrigenergiehaus

Bauteil	Konstruktion	Wärmeschutzverordnung		Niedrigenergiehaus	
		k-Wert [W/m²K]	Dämmstoffdicke [mm]	k-Wert [W/m²K]	Dämmstoffdicke [mm]
Außenwand	Kalksandstein	0,53	60	0,24	150
Außenwand	Holzständerwerk, 20% Pfosten/Riegel	0,62	60	0,31	150
Dach	Sparrendach, 20% Sparrenanteil	0,36	140	0,24	220
Fußboden	Bodenplatte mit schwimmendem Estrich	0,36	100	0,31	120
Fenster	Wärmeschutzverglasung g = 62%, in Holz- oder Kunststoffrahmen	1,6	$k_V \leq 1,6$ W/m²K	1,3	$k_V \leq 1,1$ W/m²K

3.6 Bauphysik

Im Zuge weiterer Energieeinsparungen erfolgt eine Annäherung an den Niedrigenergiehaus-Standard. Dieser ist nach allgemeinem Verständnis etwa 25 % unterhalb der Anforderungen der dritten Wärmeschutzverordnung angesiedelt.

Die aus dieser Anforderung an den Niedrigenergiehaus-Standard resultierende Vergrößerung der Wärmedämmung gegenüber den Anforderungen der Wärmeschutzverordnung soll am nachfolgenden Beispiel eines Kindergartens dargestellt werden.

Es handelt sich um ein kompaktes, nicht unterkellertes, eingeschossiges Gebäude mit Pultdach. Die Stirnwände bestehen aus massivem Mauerwerk mit Wärmedämmung, die Seitenwände aus Holz-Glas-Elementen. Der Fensterflächenanteil beträgt etwa 50 %, wovon 30 % nach Norden, bzw. verschattet, 45 % nach Osten/Westen und 25 % nach Süden orientiert sind.

Bei einem Verhältnis der wärmeübertragenden Umfassungsfläche zum davon eingeschlossenen Volumen $A/V = 0{,}84\ m^{-1}$ ergibt sich nach der Wärmeschutzverordnung ein zulässiger flächenbezogener Jahres-Heizwärmebedarf $Q''_H \leqq 88{,}8\ kWh/m^2a$.

Der flächenbezogene Jahres-Heizwärmebedarf für den Niedrigenergiehaus-Standard beträgt $Q''_H \leqq 66{,}6\ kWh/m^2a$.

In Tabelle 3.5 sind die zur Erfüllung der Anforderungen erforderlichen Wärmedurchgangskoeffizienten und Dämmstoffdicken, bei einer Wärmeleitfähigkeitsgruppe 040, aufgeführt.

3.7 Checklisten zur Grundlagenermittlung

Wegen der Verschiedenartigkeit des Bedarfs, die die Raumprogramme ausweisen, der pädagogischen Vorstellungen und der Richtlinien von Behörden und Trägern ist gerade beim Bau von Kindertagesstätten – wie schon erwähnt – eine sehr umfassende Grundlagenermittlung erforderlich. Nur so können alle Einflußfaktoren rechtzeitig beachtet werden.

Die folgenden Checklisten sollen einen Überblick über die zu stellenden Fragen geben.

Pädagogische Grundlagen

- Bedarfsbestätigung gemäß Jugendhilfegesetz .... ☐
- Festlegung der Gruppenstruktur .... ☐
- Besonderheiten des pädagogischen Konzeptes .... ☐
- Beteiligung von Pädagogen und Eltern am Planungsverfahren .... ☐

Städtebauliche Einfügung/Grundstück

Planungsrecht
- Bebauungsplan .... ☐
- Einfügung in die vorhandene Bebauung .... ☐

Verkehrsanbindung
- Öffentlicher Personen-Nahverkehr .... ☐
- Straße .... ☐
- Radwege .... ☐
- gefahrloser Zugang .... ☐

Grundstück

Bestand
- bestehende Gebäude .... ☐
- Abbruchgenehmigung .... ☐
- Denkmalschutz .... ☐
- Nachbargebäude an Grenze .... ☐
  - *Gründungstiefe* .... ☐
  - *Baukonstruktion* .... ☐
- Geschützter Pflanzenbestand .... ☐
- Bodengutachten Tragfähigkeit .... ☐

Belastungen
- Altlasten/Schadstoffe/frühere Nutzung .... ☐
- Immissionen .... ☐
  - *Lärm* .... ☐
  - *Geruch* .... ☐
  - *Sonstiges* .... ☐
- Emissionen
  (Ist mit Einsprüchen gegen den Betrieb der Kindertagesstätte zu rechnen?) ... ☐
- Baulasten .... ☐

Besondere Anforderungen an die Bauweise, Ausstattung und Abwicklung

- Energiekonzept .... ☐
- Materialvorgaben .... ☐
- Zielkosten .... ☐
- Terminvorstellungen .... ☐

Vorschriftensammlung
- Richtlinien des Landes .... ☐
- Richtlinien des Trägers .... ☐
- Unfallschutzvorschriften .... ☐
- Baurecht, Brandschutz .... ☐

Ansprechpartner
- Jugendamt .... ☐
- Träger .... ☐
- Unfallschutz .... ☐
- Bauaufsicht/Brandschutz .... ☐

4 Konstruktionsempfehlungen

Die meisten Baukonstruktionen, die beim Bau von Kindertagesstätten zum Einsatz kommen, sind die üblichen auch im Wohnungsbau verwendeten Bauarten.

Um zu kostengünstigen Lösungen zu kommen, ist es wichtig, frühzeitig die Kosten alternativer Konstruktionsmöglichkeiten zu vergleichen. Im wesentlichen kann dabei auf *Bauelement-Preiszusammenstellungen zum kostengünstigen Wohnungsbau* [21], [27] zurückgegriffen werden.

Einige für den Kindergartenbau typische Konstruktionen sind in diesem Kapitel zusammengestellt.

4.1 Fensteranlagen und Außentüren

Die folgenden Ausführungen berücksichtigen auch die Unfallschutzbestimmungen (siehe Abschnitt 3.3).

Die Größe der Fensterfläche sollte mindestens ein Fünftel der Bodenfläche des Raumes betragen. Um für die Kinder den Bezug zur Außenwelt herzustellen, sind niedrige Brüstungen vorzusehen, Höhe 60 cm. Diese bieten sich als Nischen für Heizkörper an.

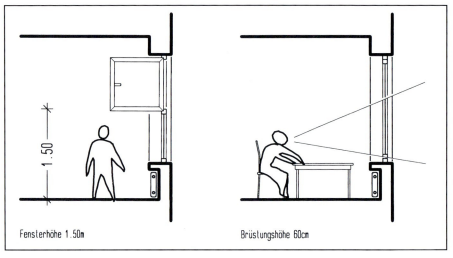

Fensterhöhen von 1,50 m ermöglichen Bewegungsfreiheit auch bei geöffnetem Fenster

Brüstungshöhen von 60 cm ermöglichen einen freien Ausblick

Eine ausreichende Lüftung muß gewährleistet sein, günstig sind eine Quer- oder Diagonallüftung. Bei der Gesamtgröße der Fensterflächen und der Möglichkeit, bei ebenerdiger Lage die Reinigung auch von außen durchführen zu können, kann aus Kostengründen ein erheblicher Anteil mit Festverglasung geplant werden.

Die Lüftungsflügel sind so anzuordnen, daß die Unterkante oberhalb der Kopfhöhe von Kleinkindern liegt, also ca. 1,50 m hoch. Alternativ ist eine Lösung denkbar, bei der durch besonders breite Fensterbänke ein Hereinragen in die Lauffläche verhindert wird. Geeignet sind Dreh- bzw. Drehkippfenster; von Schwing-, Wende- und Schiebefenstern ist abzuraten. Diese sind aber, wenn sie verwendet werden, gegen mögliches Herabfallen zu sichern.

Fenster in Obergeschossen müssen so beschaffen sein, daß sie nicht von Kindern selbständig geöffnet werden können. Die Beschläge müssen Handverletzungen bei der Benutzung ausschließen [15].

Türen zur Außenfläche und am Eingang sind nach außen anzuordnen. Dabei sind Beschläge in einer Höhe von mindestens 1,50 m vorzusehen, damit diese nicht durch Kinder geöffnet werden können.

Der Wechsel der Anschlagrichtung bei integrierten Fenster- und Türanlagen bedingt, daß bei der Planung immer ein doppelter Blendrahmen berücksichtigt werden muß.

Zurückgeführte, abschließbare Olive
(Foto: HEWI)

Der Verglasung ist besondere Bedeutung bezüglich Wärme- und ggf. Schallschutz, aber auch in sicherheitstechnischer Hinsicht beizumessen [10].

Wegen des erheblichen Fensteranteils ist eine hochwärmedämmende Verglasung unumgänglich, k-Wert < 1,6, und je nach Lage der Einrichtung kann der Einsatz von Gläsern mit erhöhtem Schallschutz erforderlich werden.

Verglasungen bis 1,50 m Höhe sind in Verbundsicherheitsglas (VSG) auszuführen. Dies gilt auch für Fenster im Bereich der Außenspielflächen. Verglasungen im Mehrzweckraum müssen ballwurfsicher nach DIN 18032 Teil 3 sein.

Glasflächen, die bis zum Fußboden reichen, sind deutlich zu kennzeichnen.

Die Fensterbänke sind so zu konstruieren, daß die Kanten abgerundet sind, um eine erhöhte Verletzungsgefahr auszuschließen.

Wegen der Quetschgefahr sind die Außentüren an der Anschlagseite mit einer Fingerschutzdichtung zu versehen.

Fingerschutzrollos verhindern Quetschungen

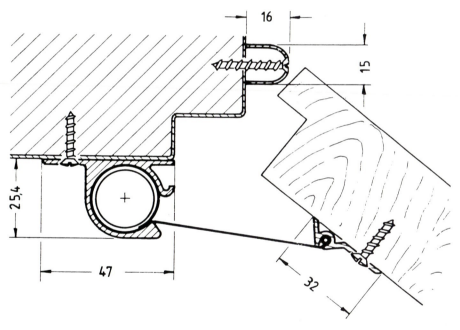

(Zeichnung: Fa. F. Athmer, Arnsberg)

Bei der Auswahl des Materials für die Konstruktion von Fenstern und Türen sind die Auflagen der Träger zu beachten. In besonderem Maße kirchliche Träger, aber auch Kommunen verlangen die Verwendung von Holzfenstern, und zwar in nicht-tropischen Holzarten.

Grundsätzlich ist die Verwendung von Holz- und Kunststoffenstern ebenso für diese Einrichtungen geeignet. Zu bedenken ist, daß Holzfenster in der Regel teurer sind und eines dauerhaften Pflegeaufwandes bedürfen. Andererseits bieten sie einen größeren Gestaltungsspielraum und wirken optisch anspruchsvoller.

Bei der Eingangstüre ist wegen der starken Beanspruchung der Einsatz von Aluminium- oder Stahlprofilen zu prüfen.

Abgerundete Kanten im Bereich der Fensterbank

Kostenbeispiele:

Eingangstür zweiflügelig mit Oberlicht, Größe 2,20 x 2,45 m (B x H):

Holz	DM 4.800,00
Kunststoff	DM 4.400,00
Aluminium	DM 9.000,00

Fensteranlage, Größe 5,00 x 1,85 m (B x H)
mit drei Drehkippflügeln, je 0,95 x 0,95 m, sonst festverglast:

Holz	DM 3.900,00
Kunststoff	DM 3.300,00

Außentür, außenaufschlagend, Größe 0,95 x 2,05 m, mit feststehendem Oberlicht, Größe 0,95 x 0,40 m

Holz	DM 2.130,00
Kunststoff	DM 1.740,00

4.2 Außenwandbekleidungen

Für die Auswahl von Außenwandbekleidungen gelten neben Witterungsschutz und Wärmedämmung sinngemäß die gleichen Auswahlkriterien und Anforderungen wie bei Innenwandbekleidungen.

In Bereichen unmittelbar angrenzender Außenspielflächen bis zu einer Höhe von 1,50 m ist zusätzlich eine höhere Stoßfestigkeit erforderlich. Insbesondere Dämmputzkonstruktionen müssen dort verstärkt werden; Polystyrol, Polyurethan, Glas- und Mineralfaserstoffe dürfen nur in dichter Verkleidung verwendet werden.

Scharfe Kanten, vorspringende Fensterbänke, Rohrschellen an Standrohren, Außenzapfstellen oder Ähnliches sind zu vermeiden, in Nischen zu verlegen oder mit Schutzverkleidungen zu versehen. Problemzonen bezüglich Unfallschutz und Unterhaltung können vermieden oder verringert werden, wenn zwischen Außenspielflächen und Außenwänden ausreichend breite Pflanzstreifen angeordnet werden.

4.3 Sonnenschutz

Wegen guter Belichtungsverhältnisse und Energieaufnahme – vor allem auch im Winterhalbjahr – werden die Fenster von Gruppenräumen in südliche Richtung orientiert. Dies geht nur mit gut abgestimmtem Sonnen- und Blendschutz.

Entscheidungskriterien sind:
- gute Funktion im Sommer- und Winterhalbjahr
- einfache Bedienung
- Investitionskosten
- Unterhaltungsaufwand

Dachüberstand, starre Sonnenblenden

Dachüberstände, Vordächer oder festmontierte Sonnenblenden geben im Sommer guten Schutz gegen die hochstehende Sonne. Im Winterhalbjahr aber leuchtet die tiefstehende Sonne die Räume gut aus und bringt Energieaufnahme. Die Blendwirkung kann mit einfachen Vorhängen geregelt werden.

Wegen des Verschattungseffektes müssen meist zusätzliche Fenster an der Nordseite oder geringe Raumtiefen gewählt werden, damit eine gute Ausleuchtung auch an trüben Tagen gewährleistet ist. Die Dachüberstände ergeben gleichzeitig eine wünschenswerte Überdeckung der Außenfläche und konstruktiven Schutz der Fassade.

Kostenbeispiel:
Dachüberstand wie im Fotobeispiel ca. DM 270,00 lfdm

Pflanzlicher Sonnenschutz

Statt starrer Sonnenblenden können auch Pergolen oder Rauhgitter mit blattabwerfendem Bewuchs angeordnet werden. Dieser Sonnenschutz ist pflegeintensiv, bietet den Kindern aber auch Naturerfahrung und Lebendigkeit.

Kostenbeispiel:
Holzpergola mit Stahlgitter, ohne Bepflanzung ca. DM 110,00/m²

Sonnenschutz durch Dachüberstand

Guten Sonnenschutz bieten auch Bäume. Allerdings sind die Abstände zwischen Fassaden und Bäumen unter Berücksichtigung des Wachstums genau zu planen, und bei Neuanlagen setzt die schattenspendende Wirkung natürlich erst nach einigen Jahren ein.

Beweglicher Sonnenschutz

Markisen, Rolläden und Stores müssen von den Erzieherinnen oft mehrmals am Tag bewegt werden. Deshalb sollten bei der Planung möglichst Elektroantriebe vorgesehen werden oder zumindest mehrere Anlagen gleichzeitig, z.B. mit Kurbel oder Gurt, bedient werden können.

Markisen

Einen guten Sonnenschutz bilden Markisen, ohne Behinderung des Ausblicks oder Ausgangs aus den Gruppenräumen. Sie überschatten oft auch noch einen Teil der Außenspielfläche. Im Einzelfall ist die Notwendigkeit einer automatischen Steueranlage für den Schutz gegen Starkwind zu überprüfen. Die Bedienung ist sonst schwierig.

Kostenbeispiel:
Anlage für eine Gruppe, Breite ca. 6,00 m,
Ausladung 2,00 m ca. DM 4.200,00 = ca. DM 700,00 DM/m

Elektrisch betriebene Außenrollos

Außenraff-Stores

Stoffrollos

Stoffrollos bieten ebenfalls eine gute Abblendwirkung, und sie unterstützen eine aufgelockerte freundliche Fassadengestaltung. Allerdings sind Ausblick und Ausgang behindert, wenn nicht aufwendige Ausstellkonstruktionen gewählt werden.

Kostenbeispiel:
Teilung entsprechend Foto DM 360,00/m²

Außenraff-Stores

Außenraff-Stores ermöglichen eine differenzierte Regelung der Sonneneinstrahlung. Auch die Ausblickmöglichkeiten sind gut, allerdings ist der Ausgang entweder behindert oder nicht verschattet.

Kostenbeispiel:
je nach Teilung DM 400,00/m² bis DM 600,00/m²

Außenrolläden, Schlagläden, Schiebeläden

Diese Konstruktionen sind nur bedingt als Sonnenschutz geeignet, da sie statt einer differenzierten Verschattung ohne Ausblick die Belichtung des Raumes sehr stark einschränken.

Innenraff-Stores oder Rollos

Einen sehr preiswerten Sonnenschutz stellen Innenraff-Stores oder Rollos dar. Der Wirkungsgrad ist im Vergleich zu Außenanlagen jedoch gering. Eine unsachgemäße Bedienung und Beschädigung durch die Kinder, ggf. Verletzungsgefahr, kann in Gruppenräumen in der Regel nicht verhindert werden.

4.4 Innentüren/Sanitärtrennwände

Raumtüren dürfen nicht in Verkehrsbereiche hineinschlagen. Sie müssen demnach entweder nach innen aufgehen oder in Nischen angeordnet sein. Pendeltüren sind nicht zulässig.

Bei Innentüren kann auf Standardgrößen und -produkte zurückgegriffen werden. Ausreichend sind Türbreiten in der Normgröße 88,5 cm. Im Bereich der Hauptküche und des Nebenraums kann, bedingt durch den erforderlichen Geräteeinbau, eine größere Breite erforderlich sein, ebenso zwischen Mehrzweck- und Nebenraum.

Bei integrierten Einrichtungen ist die DIN 18025 »Barrierefreie Wohnungen« zu beachten.

Die Türblätter sind in Kindertagesstätten stärkeren Belastungen als im Wohnbereich ausgesetzt. Erhöhter Schallschutz ist zu empfehlen. Dieser erfordert den Einsatz von Füllungen aus Röhrenspan- oder Tischlerplatten.

Die Oberfläche ist in starkem Maße gestalterischen Anforderungen unterworfen. Denkbar sind Echtholzfurniere, die zur Einrichtung passen, z. B. Buche oder Kiefer, aber auch pflegeleichtere und widerstandsfähige Kunststoffoberflächen. Hier kann durch unterschiedliche Farbgebung der einzelnen Gruppen eine Orientierungshilfe geleistet werden (blaue Gruppe, gelbe Gruppe etc.).

Türrahmen bzw. Zargen sind sowohl in Holzausführung, passend zum Türblatt, als auch in Stahl geeignet. Stahlumfassungszargen sind stabiler und können nach Beschädigungen leichter ausgebessert werden. Türbänder sind grundsätzlich in verstärkter, dreiteiliger Ausführung vorzusehen.

Im Bereich von innenliegenden Fluren können Oberlichter die fehlende natürliche Belichtung ersetzen.

Die Türen im Bereich des Mehrzweckraumes müssen auf der Innenseite flächenbündig, aber nach außen aufschlagend angeordnet sein. Dies verlangt den Einsatz von Sonderkonstruktionen. Bedingt durch diese Anschlagausführung, ist auf eine größere Rohbauhöhe zu achten (+ 5 cm), um eine lichte Durchgangshöhe von 1,985 m zu erhalten.

Die Beschläge sind mit zurückgeführten Drückergarnituren auszurüsten. Im Mehrzweckraum sind flächenbündige Turnhallenbeschläge vorzusehen. Dies verlangt eine Mindest-Türdicke von 55 mm!

Zurückgeführter Beschlag (Foto: HEWI)

Toilettentüren und WC-Trennwände bieten einen großzügigen Gestaltungsspielraum. Verschiedene Hersteller bieten entsprechende Produkte an. Die Höhe hängt wesentlich von den Vorgaben des Trägers ab. Teilweise werden raumhohe Elemente zur Wahrung der Intimsphäre verlangt, oft ist aber auch nur eine Höhe von 1,50 m vorgeschrieben. Auch hier ist bei den Türen ein Klemmschutzprofil vorzusehen.

WC-Trennwände bieten einen großzügigen Gestaltungsspielraum (Foto: KERAMAG)

Kostenbeispiele:

Stahlumfassungszarge, lackiert 0,885 x 2,01 m, Wand 24 cm	DM	245,00/Stck.
Futter und Bekleidung, Echtholzfurnier Buche, sonst wie vor	DM	350,00/Stck.
Stahlumfassungszarge, lackiert 1,51 x 2,05 m, Wand 24 cm als Sonderkonstruktion für den Mehrzweckraum	DM	550,00/Stck.
Türblatt 0,86 x 1,985 m, Echtholzfurnier Buche Röhrenspanfüllung R' 32 dBA	DM	405,00/Stck.
Türblatt wie vor, Kunststoffbeschichtung Vollton	DM	350,00/Stck.
Drückergarnitur rund, Nylon	DM	90,00/Stck.
Turnhallenbeschlag, Aluminium	DM	325,00/Stck.
Fingerschutzrollo	DM	310,00/Stck.
Trennwand für zwei Toilettenanlagen mit Vorderwand 2,75 x 2,00 m (B x H) mit zwei Türen und einer Zwischenwand 1,00 x 1,70 m (B x H)	DM	3.200,00

Turnhallenbeschlag, flächenbündig im Türblatt

4.5 Innenwandbekleidungen

Wichtige Kriterien bei der Auswahl von Oberflächenmaterial und Farbe sind:

- Raumwirkung, Helligkeit
- Gesundheit
- Unfallschutz
- Haltbarkeit, z. B. bei Befestigung und Wiederentfernen von Bildern
- Verschmutzungsanfälligkeit
- Hygiene in Küchen und Naßräumen

Anforderungen

- Richtlinien für Kindergartenbau und -ausführung
- Forderungen der Träger, z. B.
    - an pflegeleichte Materialien
    - Umweltverträglichkeit
- DIN-Vorschriften und Verarbeitungsvorschriften zu den verschiedenen Materialien

Konstruktionshinweise

Wandoberflächen dürfen bis zu einer Höhe von 1,50 m nicht spitzig rauh sein, Ecken und Kanten sind im Radius > 2,0 mm zu runden und sollten stoßfest sein.

Lustiger Dekorfries im Waschraum

Hier bieten sich winkelförmige Eckschutzleisten aus Holz oder eingeputzte gerundete Metalleckschoner an. In Mehrzweckräumen dürfen Wände keine vorspringenden Kanten aufweisen.

Anstriche sollten im Hinblick auf Haltbarkeit und Verschmutzungsempfindlichkeit nicht zu dunkel und bis 1,50 m scheuerfest ausgewählt werden. Sie sollten lösungsmittelarm oder lösungsmittelfrei sein.

Profilholzverkleidungen müssen mit verlängerter Feder ausgeführte werden.

Sichtmauerwerk muß aus glatten, vollfugig gemauerten Steinen bestehen.

Gefliese Wände lassen sich ohne großen Kostenaufwand mit einfachem Dekor oder Fries lebendig und freundlich gestalten [15].

4.6 Tragende Decken

Die Nutzung von Gruppen- und Mehrzweckräumen und die differenzierte Baukörperkonstruktion von Kindertagesstätten führt oft zu Deckenfeldern mit Spannweiten von ca. 6,0 bis 7,0 m ohne Durchlaufwirkung.

Oftmals ist der Anteil von zweigeschossigen Baukörpern und damit der Anteil von tragenden Decken im Verhältnis zum Gesamtgebäude sehr gering, so daß sich der Einsatz von Systemschalungen für Stahlbetondecken nicht lohnt. Spannbetonhohlplatten bieten hier oft eine günstige Alternative.

Kostenbeispiele:

Ortbetondecke bis 6,0 m Spannweite	DM 200,-/m²
Spannbetonhohlplattendecke bis 6,0 m Spannweite, Unterseite glatt	DM 105,-/m²

Die Kosten von Holzbalkendecken lassen sich nur im Zusammenhang mit der Gesamtkonstruktion vergleichen [27].

4.7 Bodenbeläge

Grundlagen für die Planung von Bodenbelägen finden sich im *»Merkblatt für Fußböden in Arbeitsräumen und Arbeitsbereichen mit Rutschgefahr«*, herausgegeben vom Bundesverband der Unfallversicherungsträger der öffentlichen Hand (BAGUV), München [12].

Der Untergrund der Böden muß über ausreichenden Wärmeschutz verfügen. Um Störungen zu vermeiden, ist auf sorgfältige Ausführung der Trittschalldämmung zu achten. Dies gilt in besonderem Maße für Gebäude mit gemischter Nutzung.

Der Bodenbelag muß rutschhemmend, unfallsicher, splitterfrei, trittsicher, verschleißfest und leicht zu reinigen sein.

In Turn- und Gymnastikräumen (Mehrzweckraum) ist der Belag auf einer elastischen Unterlage einzubauen.

In den Feuchträumen müssen die Beläge wasserundurchlässig, unfallsicher und auch bei Nässe rutschhemmend sein.

Die Anforderungen laut BAGUV betragen für Kindergärten (Bewertungsgruppe der Rutschgefahr/Richtwert) [12]:

Eingangsbereiche, Flure, Pausenhallen	R 9
Gruppenräume	R 9
Treppen	R 9
Toiletten, Waschräume	R 10
Küchen	R 11
Werkräume	R 10

Geeignet sind folgende Beläge:

- Parkett und Laminatböden – für Gruppenräume, Verwaltungsräume

- Holzpflaster (R9) – für Flure, Gruppenräume, Verwaltungsräume, Werkraum

- Linoleum, PVC-Belag (von den meisten Trägern sind PVC-freie Materialien vorgeschrieben) – für Flure, Gruppenräume, Verwaltungsräume, Werkraum (bedingt), Abstellräume

Parkettböden sind optisch anspruchsvoll und besonders geeignet
(Foto: Bembé-Parkettfabrik, Bad Mergenthein, Fotograf: Hahn, Würzburg)

- Linoleum mit weicher Unterlage (z.B. Kork) (R9) – für Mehrzweckraum

- Textilbeläge (R9) – in Form flach anliegender Spielteppiche – festverlegte Teppichböden sind ungeeignet

- Fliesen (R10) – für WC und Waschräume, Putzmittelräume – wegen der Rutschhemmung ist unglasiertes Material mit großem Fugenanteil zu verwenden

- Fliesen (Sonderausführung) (R11) – für gewerbliche Küchen

Kostenbeispiele:

Parkettboden, Massivholzwürfelparkett, versiegelt, Buche D = 8 mm	DM 95,00/m²
Fußleiste passend als Parkettleiste, Hohlkehle	DM 15,00/lfdm
Holzpflaster, massiv, geölt, Eiche D = 25 mm	DM 190,00/m²
wie vor, Ausführung Kiefer	DM 172,00/m²
Fußleiste passend als Holzleiste, Rechteckprofil	DM 27,00/lfdm
Linoleum, Bahnenware, verschweißt D = 2	DM 78,00/m²
Fußleiste aus Massivholz, Buche	DM 28,50/lfdm
PVC-Belag, Fliesenware 60,8/60,8 verschweißt D = 2 mm	DM 62,00/m²
Fußleiste aus Massivholz, Kiefer	DM 27,00/lfdm
Kautschukbelag auf elastischer Unterlage, Bahnenware, 122 cm breit, verschweißt D = 4,0 mm	DM 108,00/m²
Fliesenbelag, Mittelmosaik 10/10, unglasiert	DM 130,00/m²
Fliesensockel, passend zum Belag einschließlich dauerelastischer Verfugung	DM 42,00/lfdm
Fliesenbelag (Küchenboden) 15/15 cm	DM 150,00/m²
Fliesensockel gemäß Richtlinien einschließlich dauerelastischer Verfugung	DM 42,00/lfdm

4.8 Treppen/Podeste

Anforderungen:
- Landesbauordnungen, z. B. § 36 BauONW, DIN 18065, Gebäudetreppen, Hauptmaße
- Richtlinien für Kindergärten – Bau und Ausführung – (GUV 16.4) (siehe auch Abschnitt 3.3)

Bei mehrgeschossigen Anlagen wird in der Regel eine notwendige Treppe erforderlich, die bei Anlagen bis zu zwei Geschossen als offene Treppe in der Halle oder in Fluren frei geführt werden kann.

4.8 Treppen/Podeste

Bei mehr als zwei Geschossen ist ein abgeschlossener Treppenraum erforderlich. Oft werden zusätzlich Außentreppen angeordnet, weil ein direkter Zugang aus Gruppenräumen im Obergeschoß gewünscht wird oder der Brandschutz dies fordert.

Als Hauptmaße für Treppen sind zu beachten:

- Breite > 1 m – 1,30 m, möglichst ≧ 1,20 m im Lichten zwischen Handläufen, je nach Landesrichtlinien
- Länge < 18 Steigungen ohne Zwischenpodest
- Steigungsverhältnis: Steigung   14 bis 19 cm
  Auftritt   26 bis 37 cm
- Abstände der Stufen bzw. Treppenwange zur Wand < 4 cm
- Lichte Höhe zwischen Stufen < 12 cm

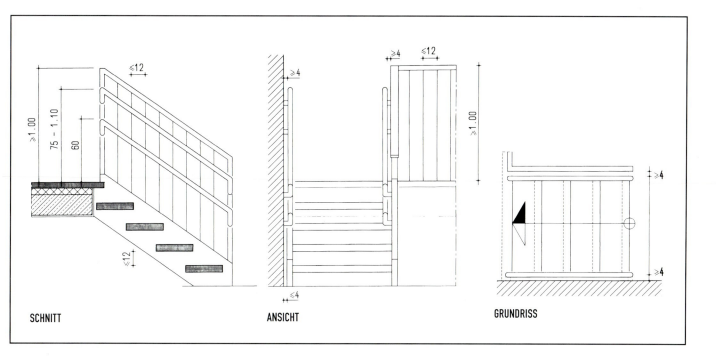

Handläufe an Treppen:

- sind beidseitig anzuordnen
- müssen von Kinderhänden durchgehend benutzt werden können, d. h. auf einer Höhe von ca. 60 cm liegen
- müssen auch als Doppelhandläufe für Erwachsene geeignet sein und nicht tiefer als 75 cm und nicht höher als 1,10 m angeordnet sein
- sind am Ende so zu gestalten, daß ein Hängenbleiben verhindert und Stoßgefahr vermieden wird
- müssen einen freien Abstand zu benachbarten Bauteilen von 4 cm haben

Beidseitiger Doppelhandlauf, Stufen mit Gleitschutz

Außentreppen mit gerillten Holzstufen

Bei Außentreppen werden aus pädagogischen Gründen oft Törchen gefordert (siehe auch Abschnitt 3.3), die von den Kindern nicht geöffnet werden können. Wenn die Treppe gleichzeitig auch Fluchtweg ist, müssen in einer Höhe < 1,50 m nur für die Erzieher erreichbare Öffner angeordnet werden.

Die Oberfläche der Stufen muß rutschhemmend, die Kanten müssen leicht gerundet sein, z. B.:

- Fliesen mit gerillten Stufenplatten (Vorderkante gerundet)
- Werkstein- oder Betonwerksteinstufen mit rauher Oberfläche oder Gleitschutzstreifen
- gerillte Holzstufen
- Holzstufen mit glatter Oberfläche und Gleitschutzstreifen
- Tropfenblech.

Auch Stufensockel dürfen keine spitzen Ecken aufweisen. Einzelne Stufen sind unzulässig. Die Stufen müssen gut erkennbar sein. Eingangspodeste müssen vor nach außen aufgeschlagenen Türen noch eine Mindesttiefe von 40 cm haben. Diese Anforderungen gelten auch für Treppen in zweigeschossigen Gruppenräumen, bei denen die Treppenbreite jedoch in Abstimmung mit Bauaufsicht und Unfallschutzstelle auf bis zu 80 cm reduziert werden kann. Die Treppen müssen an allen Flächen leicht und problemlos zu reinigen sein.

Kostenvergleich einer Ausführungsmöglichkeit

Innentreppen

Holzwangentreppe mit Gleitschutz	DM 325,00/Stufe
Stahlbetontreppe	
mit Estrich und Noppenbelag	DM 300,00/Stufe
mit Fliesenbelag	DM 325,00/Stufe
mit Betonwerksteinbelag	DM 325,00/Stufe
mit Naturwerksteinbelag	
mit Holzstufen	DM 340,00/Stufe

Außentreppen

Holzwangentreppe mit gerillten Stufen	DM 310,00/Stufe
Stahlwangentreppe mit Holzstufen	DM 350,00/Stufe
Stahlbetonwangen mit tragenden Werksteinstufen	DM 370,00/Stufe
Stufensockel	
Kunststoffsockel	DM 19,00/Stufe
Fliesen- bzw. Werksteinsockel	DM 31,00/Stufe
Holzsockelleiste	DM 28,00/Stufe
Anstrichsockel, farblos	DM 6,00/Stufe

Einsparungshinweise

Treppen sind teure Bauteile. Einsparungen lassen sich vor allem durch einfache Grundformen und Detailausbildungen, wie z. B. Verzicht auf Wendelung oder abgetreppte Stufensockel, erreichen.

4.9 Umwehrungen

Anforderungen

- Landesbauordnung, z. B. § 41 BauONW
- DIN 18065 »Gebäudetreppen«
- Richtlinien für Kindergärten – Bau und Ausführung (GUV 16.4) (siehe auch Abschnitt 3.3)

Umwehrungen müssen mindestens 1,0 m hoch sein. Öffnungen und Stababstände dürfen 12 cm nicht überschreiten. Sie sollen nicht zum Klettern, Aufsitzen oder Rutschen geeignet sein.

An erhöhten Spielebenen in Gruppenräumen mit einer Absturzhöhe von bis zu 1,50 m genügt eine Umwehrungshöhe von 0,70 m.

4.10 Deckenbekleidungen

In Fluren, Gruppenräumen, Küchen, im Mehrzweckraum und in Verwaltungsräumen sind akustisch wirksame Deckenverkleidungen vorzusehen.

Da diese in Form von *abgehängten Decken* ausgeführt werden, können statisch bedingte Konstruktionen wie Unterzüge, aber auch Installationsleitungen wirkungsvoll überdeckt werden. Anfallende Reparaturen und Änderungen an der Elektroinstallation oder Beleuchtung sind problemlos ausführbar. Bei Rastersystemen bietet sich der Einbau von passenden Einbauleuchten an.

Im Bereich des Mehrzweckraumes ist auf ballwurfsichere Ausführung nach DIN 18032 Teil 3 zu achten.

Folgende Konstruktionen haben sich bewährt (einschließlich Preisbeispiele):

Systemrasterdecken* aus Mineralfaserplatten in Aluminiumträgersystem, Rastergröße 62,5 x 62,5 cm bzw. 62,5 x 125 cm
Preis einschließlich Wandanschlüsse, Eckausbildungen etc.   DM   65,00/m^2

Aluminiumprofildecken** in Trägersystem mit Schallschluckmatten
Preis einschließlich Randausbildung mit Schattenfugen   DM 110,00/m^2

Holzprofildecken** in Trägersystem mit Schallschluckmatten
Preis einschließlich Randausbildung   DM 185,00/m^2

Spritzputzdecken** auf Putzträger
Preis einschließlich Randausbildung   DM 160,00/m^2

* Systembezogene Einbauleuchten lieferbar

** Geeignet auch für Schrägdecken

Rasterdecken sind preiswert und wartungsfreundlich

4.11 Dachkonstruktion und Dachbeläge

Neben gestalterischen Überlegungen sind für den Entwurf der tragenden Dachkonstruktion entscheidend:

- Dachneigung
- Art der Eindeckung
- Bemessung der Wärmedämmschicht
- raumseitige Bekleidung.

Da die Dächer meist großflächig, ohne Dachgaupen geplant werden, bieten oft Elementdächer oder Wellplattenkonstruktionen günstige Möglichkeiten (siehe Abschnitt 5.4).

4.12 Sanitärinstallation

Die Sanitärinstallation eines Kindergartens weicht in erheblichem Maße von gängigen Einrichtungen für Erwachsene ab. Dies beginnt bei den Toilettengrößen, Waschtischhöhen und Armaturen und endet bei den Temperaturen des Warmwassers an den Zapfstellen, die Kindern zugänglich sind.

Bezogen auf die Nutzfläche ist der Aufwand an sanitärer Installation vergleichsweise geringer als im Wohnungsbau. Für eine fünfgruppige Einrichtung sind 12 Kinder- bzw. Erwachsenentoiletten, 20 Waschbecken, eine Dusche und eine oder zwei Küchen erforderlich. Verschiedene Wasserkreise mit separaten Zähleinrichtungen entfallen.

Die Errichtung von 70 m² großen Wohnungen bei gleicher Gesamtfläche erfordern den Einbau von 12 kompletten Bädern, 12 Küchen, 12 Waschmaschinenanschlüssen und ggf. einigen Gästetoiletten. Und dies mit dem gesetzlich geforderten Aufwand der Einrichtung von getrennten Kalt- und Warmwasserzählern je Einheit. Dieser Vergleich zeigt, daß die Kosten der Installation einer Kindertagesstätte zu der von Wohnungen bei vergleichbarer Nutz- bzw. Wohnfläche im Verhältnis von etwa 60 zu 100 stehen.

Toilettenanlagen

Für die Kindertoiletten sind Sonderprogramme der namhaften Hersteller auf dem Markt. Die Größe der Objekte ist kindgerecht, die Höhen sind von der geplanten Nutzung abhängig.

Bei Kleinkindern ist die Höhe mit 35 cm, im Hortbereich mit 40 cm vorzusehen.

Teilspül-WC Kind, wandhängend
(Foto: KERAMAG)

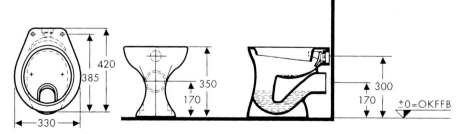

Maße und Anschlußhöhen einer bodenstehenden Kindertoilette
(Zeichnung: KERAMAG)

Grundsätzlich können Kindertoiletten wie ihre großen Vorbilder in stehender oder wandhängender Ausführung gewählt werden, die bodenstehenden Toiletten entweder mit unterem oder rückwärtigem Abgang, mit Spülkasten oder Druckspüler. Die Anschlüsse für Spül- und Abwasser sind auf kindgerechte Höhen anzupassen.

Bedauerlicherweise sind die Kosten für Kindertoiletten unverhältnismäßig hoch. Dies gilt besonders für Wandhänger (siehe Kostenbeispiele, Seite 96).

Den unbestrittenen Vorteilen von Hänge-WCs in bezug auf Hygiene und Optik hat der Investor die Mehrkosten entgegenzustellen, bevor er die grundsätzliche Entscheidung trifft.

Bei den Erwachsenentoiletten für Personal und Besucher kann auf handelsübliche Modelle zurückgegriffen werden. Wegen der geringen Anzahl und der hierbei deutlich geringeren Preisdifferenz sind wandhängende Anlagen zu empfehlen.

Durch die aufgrund der Gebäudegröße anfallenden Mengen ist die Spülwasserversorgung der Toiletten mittels Regenwasser problemlos möglich. Dies bedingt jedoch für den Investor einen höheren Aufwand (siehe Abschnitt 3.2).

Hierdurch wird nicht nur wertvolles Trinkwasser gespart, sondern die Betriebskosten für Wasserbezug und Abwassergebühr reduzieren sich für den Betreiber, so daß diese Investition über eine geringfügig höhere Mietzahlung für beide Seiten lohnend sein kann. Auch der erzieherische Effekt ist in diesem Zusammenhang nicht zu unterschätzen.

Waschbecken

Sondermodelle für Kindergärten werden angeboten, sind jedoch relativ teuer und daher nicht unbedingt erforderlich. Es kann auf Standardserien der Hersteller zurückgegriffen werden.

Die Größe ist mit 50 bis 55 cm Breite und 40 cm Tiefe ausreichend. Die Höhe variiert je nach Alter der Kinder zwischen 50 und 75 cm.

Einbau-Waschtischanlagen sind ebenfalls geeignet. Sie bieten den Vorteil der großen Ablageflächen, sind gut zu reinigen und haben eine anspruchsvolle Optik. Ebenso werden speziell für Kindergärten freistehende Waschtischgruppen angeboten, die allerdings auch einen erhöhten Platzbedarf benötigen. Beide Sondermodelle sind aber auch nur in der gehobenen Preisklasse anzutreffen.

Kindergarten-Waschraum mit Serienprodukten
(Foto: KERAMAG)

Einhebel-Mischarmaturen sind wegen ihrer Keramikscheiben beständiger als die üblichen Zweiknopfmodelle. Bei Schwenkarmaturen ist darauf zu achten, daß der Schwenkbereich nicht über das Becken hinaus gedreht werden kann.

Aus Kostengründen kann in Übereinstimmung mit dem Träger überlegt werden, die Waschbecken teilweise nur mit Kaltwasseranschluß zu versorgen.

Im Erwachsenenbereich sind Modelle aus den Standardprogrammen ausreichend. Es sollten jedoch Waschtische mit mindestens 60 cm Breite eingebaut werden.

In den Putzmittel- und Werkräumen sind spezielle Ausgußbecken erforderlich.

Ablagen/Handtuchhalter/Spiegel

Für Seifen, Zahnputzbecher und dergleichen müssen Ablageflächen in ausreichendem Umfang vorgesehen werden. Handelsübliche Porzellanablagen sind zu klein und somit ungeeignet. Gemauerte und raumbreite Ablagen, die sich bei einer Vorwandinstallation von selbst ergeben, bieten dagegen ausreichend Platz.

Alternativ dazu werden von einigen Herstellern Kombinationen angeboten, die gleichzeitig Ablage und Handtuchhalter sind.

Handtuchhaken in versetzter Anordnung helfen, Platz zu sparen

Jedem Kind ist Gelegenheit zu geben, sein eigenes Handtuch aufzuhängen. Aus hygienischen Gründen sollte zwischen den einzelnen Haltern ein Abstand von mindestens 25 cm bestehen. Dies bedingt erhebliche Wandlängen, die sich oft mit den durch die Träger vorgeschriebenen Raumgrößen nicht in Übereinstimmung bringen lassen. Hier kann nur eine versetzte Anordnung weiterhelfen.

Auch für Handtuchhalter gilt, daß diese keine Verletzungsgefahr darstellen dürfen.

Über den Waschbecken sind Spiegel zu montieren. Abmessungen von 60 x 50 cm sind dabei ausreichend. Die Höhe richtet sich nach der Gruppenstruktur, bei Nutzung durch Kinder im Vorschulalter muß die Unterkante bei 60 bis 70 cm liegen, für Hortkinder bei 80 bis 100 cm. Die Spiegel sind gegen seitliches Verrutschen zu sichern.

Küchen

Sowohl bei der Haupt- und Teeküche als auch bei den Kinderküchen sind die aus dem Wohnungsbau üblichen Installationen anzubringen. Ausnahmen sind der unter Umständen notwendige Warmwasseranschluß für Gewerbespülmaschinen und die Installationshöhe in den Kinderküchen.

Duschen

Empfehlenswert sind Duschtassen in tiefer Ausführung und in ausreichender Größe (90 x 90 cm oder 100 x 100 cm). Ist die Dusche in Sanitärbereichen integriert, die einer Baby- oder Krippengruppe zugeordnet ist, verlangen einige Träger, daß diese hochliegen, also auf etwa 80 cm hochgemauert werden.

Zapfstellen

Für die Reinigung der Bodenflächen sind in ausreichendem Maße Zapfstellen anzuordnen. Zu empfehlen ist ein Anschluß in jeder Sanitäreinheit.

Gegen unbefugte Benutzung sollte ein Steckschlüssel vorgesehen werden. Die Zapfstellen sind so anzuordnen, daß sie für Kinder keine Verletzungsgefahr darstellen, möglichst also unterhalb der Waschbecken.

Für die Bewässerung der Außenanlagen, möglicherweise auch für Wasserspielplätze, Brunnen und Kaskaden sind Außenzapfstellen vorzusehen. Es ist darauf zu achten, daß diese in frostsicherer Ausführung angelegt werden.

Auch hier bietet sich die Nutzung von Regenwasser an, sie sollte im Einzelfall immer ernsthaft in Erwägung gezogen werden.

Bodeneinläufe

Das Spiel mit Wasser stellt für jedes Kind eine große Versuchung dar. Es ist also immer damit zu rechnen, daß die Böden der Sanitärräume erheblich befeuchtet werden. Bodeneinläufe sind daher sinnvoll und sollten immer eingebaut werden, auch wegen der dort vorhandenen Zapfstellen. Um unangenehme Kanalgerüche zu vermeiden, sollten diese über einen Waschtischablauf ständig durchspült werden.

Rohrleitungen

Außergewöhnliche Ansprüche bestehen in bezug auf das Material von Rohrleitungen in Kindergärten nicht. Korrosionsfreiheit und ein erforderliches Maß an Schallschutz sind aber auch hier selbstverständliche Voraussetzung.

Besonders bei der Entwässerung muß auf schalldämmendes Material, z. B. Guß-Rohr, geachtet werden. Abgehängte Decken ermöglichen eine einfache, schnelle und preiswerte Installation. Bei zweigeschossigen Einrichtungen ist so die Verteilung in nur einer Ebene, nämlich unter der Erdgeschoßdecke, möglich. Das Anlegen von Wandschlitzen bzw. Stemmarbeiten kann auf ein Mindestmaß reduziert werden.

Es ist damit zu rechnen, daß Kinder Leitungswasser zu sich nehmen, deshalb ist auf entsprechende Wasserqualität zu achten. Die Notwendigkeit des Einbaus von Wasserfiltern oder Aufbereitungsanlagen hängt im wesentlichen von den örtlichen Gegebenheiten ab. Die Versorgungsunternehmen können hierüber Auskunft erteilen.

Warmwasserbereitung

Kaltwasserleitungen müssen immer zu jeder Zapfstelle geführt werden. Ob jedoch eine zentrale oder dezentrale Warmwasserversorgung gewählt wird, diese Frage stellt sich dem Planer häufig bei seinen Überlegungen. Wird eine zentrale Versorgung gewählt, belasten relativ lange Wege das Budget des Bauherrn. Warmwasser- und Zirkulationsleitung, entsprechend isoliert, verursachen erhebliche Kosten.

Dagegen ist der Einbau von Durchlauferhitzern preiswerter, auch wenn auf der Seite der Elektroinstallation ein erhöhter Bedarf an Sicherungsautomaten und Zuleitungen entsteht. Bedingung ist allerdings, daß der Hausanschluß die notwendige Leistung erbringen kann.

Die Betriebskosten sind jedoch in der Regel bei einer Zentralversorgung günstiger, zumal durch Zeituhren der Zirkulationsbedarf auf die Betriebszeiten von acht bis zehn Stunden, und das auch nur an Werktagen, reduziert werden kann.

Wichtig ist der Hinweis, daß an den Zapfstellen, die von Kindern genutzt werden können, die Auslauftemperatur so begrenzt sein muß, daß keine Verbrühungsgefahr besteht (45 °C). Die anderen Entnahmestellen, insbesondere in den Haupt- und Teeküchen, aber auch im Putzmittel- und Werkraum, erfordern jedoch höhere Temperaturen. Ferner ist aus gesundheitlichen Gründen die Erwärmung des Wassers auf 65 °C notwendig. Hierdurch werden Krankheitserreger, insbesondere Legionellen, abgetötet. Entsprechende Boilersteuerungen sind inzwischen handelsüblich.

Diese Gründe implizieren den Einbau von Mischern für die Zuleitung zu den Kinderbecken in den Waschräumen und den Kinderküchen.

Durchlauferhitzer müssen so angebracht werden, daß sie nicht durch Kinder verstellt werden können, also entweder in entsprechender Höhe oder in unmittelbar anschließenden Nebenräumen, in denen sich die Kinder nicht aufhalten.

Grundsätzlich sollte immer zunächst der Einbau einer zentralen Warmwasserversorgung überlegt werden. Erst bei erkennbar großer Unwirtschaftlichkeit halten wir die Installation von Einzelgeräten für geeignet.

Kostenbeispiele:

Kindertoilette als Stand-WC, Höhe 35 cm, mit Spülkasten einschließlich Montage	DM 700,00/Stck.
Kindertoilette als Wandhänge-WC, mit Einbauspülkasten einschließlich Montage	DM 1.060,00/Stck.
Standardwaschtisch, 55 x 41 cm, mit Einhebelmischbatterie einschließlich Montage	DM 450,00/Stck.
Spezialwaschtisch, 60 x 40 cm, sonst wie vor	DM 675,00/Stck.
Ausgußbecken, Porzellan mit Schwenkarmatur einschließlich Montage	DM 790,00/Stck.

Als angemessene Gesamtkosten für die komplette Sanitärinstallation in Kindertagesstätten auf Grundlage der vorstehend beschriebenen Ausführungen können angesetzt werden:

dreigruppige KiTa mit 65 Kindern	DM 50.000,00
fünfgruppige KiTa mit 100 Kindern	DM 70.000,00

4.13 Heizungsinstallation

Die Heizung hat für eine gleichmäßige und ausreichende Erwärmung der Räume zu sorgen. Die durchschnittliche Zimmertemperatur soll mindestens 20 °C betragen.

Der Energieträger (Fernwärme, Blockheizwerk, Erdgas, Erdöl) hängt wesentlich von den örtlichen Gegebenheiten ab.

Die Oberflächentemperatur an den Heizkörpern darf 45 °C nicht übersteigen. Von daher ist die Anlage als Niedertemperatursystem zu planen oder mittels Mischsystemen entsprechend zu steuern. Durch diese Vorgaben ist ggf. auch der Einsatz von Wärmepumpen geeignet.

Heizkörper dürfen nicht vorstehen oder müssen abgeschirmt werden

Heizkörper dürfen nur dort vorgesehen werden, wo durch sie Verkehrswege nicht unzulässig eingeengt und durch sie keine Unfallgefahren geschaffen werden [10].

Diese Notwendigkeiten bedeuten zwangsläufig den flächenbündigen Einbau in Nischen oder/und die Abschirmung aller scharfen Ecken und Kanten.

Bevorzugt ist daher die Verwendung von Plattenheizkörpern vorzusehen.

Heizkörperventile sind so zu wählen, daß sie nicht durch Kinder unbefugt verstellt werden können *(Behördenventile)*. Sie dürfen auf keinen Fall vorstehen. Alternativ ist der Einsatz von losen Fühlern in Kopfhöhe der Kinder zu prüfen.

Der Einsatz einer Fußbodenheizung ist grundsätzlich möglich. Hierdurch entfallen bauliche Vorkehrungen wie Heizkörpernischen, -verkleidungen und ähnliches.

Als Nachteile erweisen sich jedoch die höheren Herstellungskosten und die Schwerfälligkeit dieses Systems. Die großen Fensterflächen ermöglichen auch im Winterhalbjahr eine natürliche Aufwärmung der Räume durch Sonneneinstrahlung, auf die eine Fußbodenheizung nur mit erheblicher Verzögerung reagiert.

Die permanente Wärmezufuhr von unten sowie die großflächige Staubaufwirbelung sind medizinisch nicht unumstritten, z. B. für Stauballergiker.

Kostenbeispiele:

Heizungsinstallation KiTa 800 m² Nutzfläche:
Gaszentralheizung mit Plattenheizkörpern   DM 55.000,00

Heizungsinstallation KiTa 800 m² Nutzfläche:
Gaszentralheizung mit Fußbodenheizung   DM 80.000,00

4.14 Elektroinstallation

Entsprechend VDE 0100 Teil 410 ist grundsätzlich die automatische Abschaltung des Stroms durch Überstromschutzeinrichtung gegen gefährliche Körperströme vorzusehen.

Die Steckdosenstromkreise und alle Anschlüsse in den Kinderküchen sind über Fehlstromschutzschalter (FI-Schalter) mit 0,03 A Auslösestrom einzuspeisen.

Steckdosen sind in ausreichender Zahl vorzusehen. Als angemessen sind fünf Doppelsteckdosen in den Gruppenräumen und drei Doppelsteckdosen in den Nebenräumen anzusehen.

Sämtliche Steckdosen, die sich im Aufenthaltsbereich von Kindern befinden, sind mit geeigneten Schutzmaßnahmen, z. B. zweipoliger Verriegelung, zu sichern.

Schalter und Steckdosen im Mehrzweckraum müssen ballwurfsicher gemäß DIN 18032 Teil 3 sein.

Im Bereich der Kinderküchen sind für Herde und Steckdosen Abschaltvorrichtungen außerhalb des Handbereichs der Kinder vorzusehen. Dies gilt nicht für den Anschluß des Kühlschranks.

Verteilungs- und Schaltkästen sind allseitig geschlossen und mit abschließbaren Türen auszurüsten. Hier sind vierpolige Blitzstromableiter einzubauen.

Alle Räume müssen örtlich geschaltet werden. Es empfiehlt sich, im Büro der Leiterin ein *Tableau* mit mehreren Schaltgruppen vorzusehen, um die Bereiche zentral zu sperren bzw. freizugeben.

Die Beleuchtung ist ausreichend zu bemessen. Die Räume müssen mit Kunstlicht in folgenden Mindest-Beleuchtungsstärken ausgestattet werden:

Eingang, Flure, Waschräume, WC, Abstellräume, Putzraum, Technik	100 Lux
Spielhalle, Schlaf- und Säuglingsräume	200 Lux
Gruppenräume, Mehrzweckraum, Personalraum	300 Lux
Werkraum	500 Lux

Akustikdecke mit Einbaurasterleuchte

Geeignet sind Rasterleuchten mit Blendschutzvorrichtungen, Lichtfarbe 31/weiß gemäß DIN 5035 Teil 2 »Beleuchtung mit künstlichem Licht – Richtwerte für Arbeitsstätten in Innenräumen und im Freien« und Teil 4 »Innenraumbeleuchtung mit künstlichem Licht – Spezielle Empfehlungen für die Beleuchtung von Unterrichtsstätten«. Für die unterschiedlichen Tätigkeits- und Spielbereiche in den Gruppenräumen sind darüber hinaus flexible Beleuchtungsmöglichkeiten durch Pendelleuchten an variablen Punktauslässen z. B. Adaptern vorzusehen.

Außenleuchten sollten über Bewegungsmelder und Dämmerungsschalter installiert werden.

Die Installation ist möglichst in Leerrohrsystem auszuführen. Abgehängte Rasterdecken ermöglichen einen installations- und wartungsfreundlichen Einbau der Zuleitungen.

Telefonanschluß und Klingel-/Gegensprechanlage sind im Büro der Leiterin, ggf. auch im Personalraum vorzusehen. Es empfiehlt sich, ein zusätzliches Läutwerk im Hallenbereich zu installieren.

Kostenbeispiele:

Installation in einer dreigruppigen KiTa (ohne Beleuchtungskörper und Blitzschutzanlage)	DM 28.000,00
Installation in einer fünfgruppigen KiTa (ohne Beleuchtungskörper und Blitzschutzanlage)	DM 34.000,00
System-Rasterleuchte 62,5/62,5 cm, mit vier Leuchtstoffröhren 20 W	DM 225,00
Raster-Einbauleuchte, ballwurfsicher, 12,5/125 cm, mit Leuchtstoffröhre 40 W	DM 460,00

Aufbau-Rasterleuchte

Kindergarderobe mit Sitzbänken und Ablagen
(Hersteller: SBK-Werkstatt für Behinderte, Köln-Poll)

4.15 Einrichtung

Garderoben

Garderobenanlagen sind gruppenbezogen unterzubringen. Ihre Größe richtet sich nach der zu erwartenden Gruppengröße. Auf eine ausreichende Belüftungsmöglichkeit ist zu achten.

Die Garderoben sind möglichst außerhalb der Gruppenräume im Flurbereich anzuordnen. Je Kind ist eine Mindestbreite von 20 cm einzuplanen.

Die Garderoben können als fest an die Wand montiertes System oder als freistehende Standgarderobe vorgesehen werden. Grundsätzlich sind folgende Einrichtungselemente erforderlich:

Festmontiertes Wandsystem

- Sitzbank mit Schuhablage
  Länge 80 bis 120 cm
  Höhe   34 bis 36 cm
  Tiefe 30 bis 36 cm

- Ablage mit Kleiderhaken
  Länge 80   bis 120 cm
  Höhe   18   bis 22 cm
  Tiefe 18,5 bis 22 cm

*Garderoben-
doppelbank mit
Schuhablage*
(Zeichnung: HEWI)

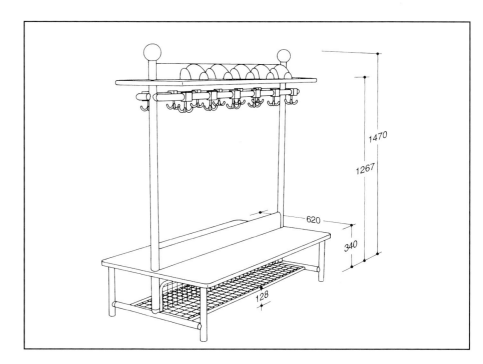

Standgarderobe

- Sitzbank (Doppelbank) mit Schuhablage und Mützenablage mit Kleiderhaken
  Länge 125 bis 210 cm
  Höhe   135 bis 150 cm
  Tiefe   60 bis 70 cm

Preisbeispiele:

Wandgarderobe, geeignet für sechs Kinder,
Garderobenbank mit Schuhablage 120 x 35,5 x 30 cm   DM   600,00

Ablage mit sechs Dreifachhaken 120 x 18,5 x 18,5 cm DM   720,00

Standgarderobe (geeignet für zwölf Kinder)
Abmessung 130 x 17,75 x 62 cm   DM 2.450,00

Hauptküche/Teeküche

Die Küchenräume und deren Nebenräume (Speisekammern) müssen in ihrer Beschaffenheit und Ausstattung den lebensmittelrechtlichen Bestimmungen entsprechen.

Sie sind so zu gestalten, daß sie funktional optimiert und mit kürzesten Arbeitswegen ausgestattet sind. Die Fronten sind bündig anzuordnen. Die Höhe der Arbeitsplatte ist auf 850 bis 910 mm festzulegen.

Im einzelnen ist bei der Kücheneinrichtung auf folgendes zu achten:

Schränke und Arbeitsplatten

- Unterschränke mit Regalböden, Schubfächern etc. je nach Größe der Einrichtung. Da hier auch von Handreichungen durch Kinder ausgegangen werden muß, sind Hoch- und Hängeschränke ungeeignet.

4.15 Einrichtung

- Schrankkörper verwindungssteif verleimt, Türen mit nicht vorstehenden Griffleisten. Öffnungswinkel der Türen 110°, Schubladen in kugelgelagerten Führungsschienen und gegen Herausfallen gesichert.
- Arbeitsplatten mit nahtlos gerundeten Kanten.

Spüle

- Spüle mit zwei Becken und Abtropffläche aus Chromnickel- oder Edelstahl. Auftisch-Schwenkbatterie mit Auslauf und Geschirrbrause, Kalt- und Warmwasseranschluß.

Elektrogeräte

- Spülmaschine als Kleingewerbe-Geschirrspüler, Leistung von der Größe der Einrichtung abhängig, in der Hauptküche.

  In Teeküchen reicht meist eine handelsübliche Haushaltsmaschine.

- Herd als Einbaugerät, vierflammig mit thermostatisch geregeltem Großraumbackofen.

- Einbaukühlschrank, integriert mit 240 l Nutzinhalt, zusätzlich Umluft- und Gewerbekühlschrank mit 650 l Nutzinhalt in der Vorratskammer.

- Auftaugerät für Heißluftbetrieb aus Chromnickelstahl zur Zubereitung von Tiefkühl- oder Fertigkost.

  Die Leistung ist abhängig von der Größe der Einrichtung. Die Unterbringung erfolgt auf einem Untertisch, ggf. auf der Arbeitsplatte, die dann aber mit einer Schutzplatte versehen werden muß.

Grundriß der Hauptküche einer viergruppigen Einrichtung

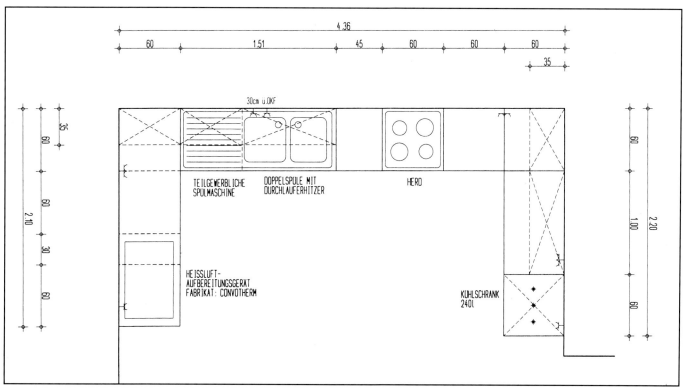

Kinderküchen

Je nach Vorgabe des Trägers sind Kinderküchen in den Gruppenräumen oder auch zentral in einem hierfür geeigneten Raum erforderlich.

Grundsätzlich gelten auch hier die vorstehenden Grundregeln. Die Arbeitshöhe ist mit 63 bis 72 cm vorzusehen, Öffnungswinkel der Türen 180°.

Ausgestattet sind solche Küchen üblicherweise mit einer Spüle mit Becken und Abtropffläche, Zwei-Platten-Einbauherd, Kühlschrank mit 60 l Nutzinhalt und den entsprechenden Unterschränken. Gesamtlänge 220 bis 270 cm, Tiefe 60 cm.

(Siehe zur Sicherung der Elektroanschlüsse und zur Wassertemperatur die entsprechenden Hinweise unter 4.12 und 4.31.)

Kinderküche mit Spüle, Kühlschrank und Kochplatten

Kostenbeispiele:

Einbauküche, Front Buche furniert in Winkelausführung, Schenkellänge 5,0 x 3,0 m mit Spüle, Einbauherd, Kühlschrank, Kleingewerbespülmaschine, Unterschränken ausreichend für KiTa mit 60 Essensteilnehmern (ET)	DM 16.000,00
Heißluft-Auftaugerät mit Unterschrank (60 ET)	DM 6.000,00
Tiefkühl-Lagerschrank, 650 l Nutzinhalt	DM 8.500,00
Kinderküche, Front Buche furniert, Länge 220 cm mit Spüle, Einbauherd, Kühlschrank, Unterschränken	DM 3.600,00

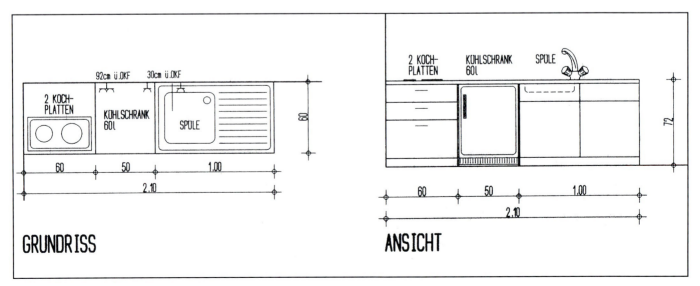

Grundriß und Ansicht einer Kinderküche

Säuglingskombinationen

Die Anforderungen an Säuglingskombinationen sind mit dem Träger und den Jugendämtern abzustimmen.

Diese Kombinationen bestehen grundsätzlich aus:

- Becken für Handreinigung
- Säuglingswanne mit abgeschrägtem Rückenteil
- glatter Wickelfläche
- Unterschränken mit ausschwenkbarem Abfalleimer
- thermostatisch arbeitendem Sicherheitsmischventil mit Vorregulierungsmöglichkeit der Temperatur
- Einhandeinlochbatterie mit schwenkbarem Brausearm und heranziehbarer Schlauchbrause
- bei dezentraler Warmwasserbereitung DEH

Kosten ca. DM 4.600,00

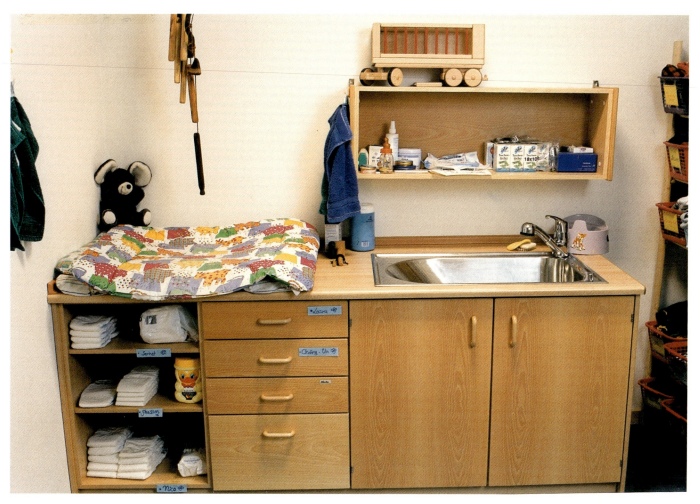

Säuglingskombination mit Wickelfläche, Wanne und Unterschränke

4.16 Außenspielflächen

Entwurfsgrundlagen

Die erforderliche Größe von Außenspielflächen ist in den Bundesländern unterschiedlich geregelt. Sie sollte jedenfalls mindestens 10 m² pro Kind betragen. Teilweise, z. B. in Nordrhein-Westfalen, werden 300 m² Fläche pro Gruppe gefordert. In begründeten Einzelfällen, z. B. engen innerstädtischen Grundstücken, werden oft auch Unterschreitungen zugelassen.

Die Aufteilung der Flächen sollte folgendermaßen geplant werden:

10 bis 20 %	Sandflächen
20 bis 30 %	befestigte Flächen
Rest	Rasenfläche.

Neben dem Raumprogramm der Träger können als Orientierung für die Planung und Ausstattung dienen:

- DIN 18034 »Spielfläche und Freiflächen zum Spielen«
- Richtlinie der Deutschen Olympischen Gesellschaft.

Der Kindergarten muß eine sinnliche Wahrnehmungsstätte sein. Kinder wollen selbst gestalten, bauen, hämmern oder mit Wasser matschen. Sie wollen klettern, rutschen, sich einen Hügel herunterkugeln lassen oder durch einen Tunnel kriechen. Oder sie wollen sich zu selbstbestimmter Zeit zurückziehen und verstecken.

Das Außengelände muß dem gerecht werden. Dabei spielt nicht allein die Anzahl von Spielgeräten eine Rolle; vielmehr bestimmen das Zusammenspiel zwischen Spielräumen, Spielgeräten und deren Zuordnungen in Verbindung mit der Materialwahl die Qualität des Außengeländes von Kindergärten.

Auf *Baustellen* können Kinder mit verschiedenen, ungefährlichen Materialien und Geräten modellieren und konstruieren und immer wieder verändern.

Es ist deutlich herauszustellen, daß viele Bereiche der Gestaltung und Pflege von Außenspielbereichen an Kindergärten und -tagesstätten unter Beteiligung von Kindern und deren Eltern mit einfachen Mitteln und geringen Kosten durchgeführt werden können. Dabei erhalten Spielflächen eine erzieherische Funktion, sie sollen Freude am Abenteuer vermitteln bzw. ein Erfolgserlebnis erzielen, wobei das Kind dabei ein kalkulierbares Risiko bewältigen muß.

Eine naturnahe Gestaltung der Spielräume bietet – unter anderem – hierfür die beste Voraussetzung.

Unfallschutz/Gesundheitsschutz

Auch für die Außenspielflächen sind der Unfallschutz und die gesundheitliche Unbedenklichkeit der verwendeten Baustoffe, Pflanzen und des Bodens bei der Planung sorgfältig zu beachten.

DIN 7926 »Kinderspielgeräte«
enthält in fünf Teilen eindeutige Festlegungen sicherheitstechnischer Belange für Spielgeräte und Ausstattungen von Spielflächen auf öffentlichen und privaten Spielplätzen sowie für Schulen und Kindergärten.

4.16 Außenspielflächen

E DIN EN 1176 »Spielplatzgeräte«
Diese derzeit noch im Entwurf vorliegende europäische Norm ist die Weiterentwicklung der DIN 7926 und enthält zusätzliche Anforderungen und Testmethoden für die einzelnen Spielgerätegruppen.

Einen sehr guten und anschaulichen Überblick über Details des Unfallschutzes im Außenbereich gibt das Merkblatt »Spielgeräte in Kindergärten« des Bundesverbandes der Unfallversicherungsträger der öffentlichen Hand (BAGUV), dessen Hauptteil auf den Seiten 106 bis 116 abgedruckt ist.

Erläuterungen aus dem Innentitel dieses Merkblattes sowie das Impressum finden Sie auf dieser Seite.

Merkblatt
Spielgeräte in Kindergärten
Ausgabe Januar 1992

Die in diesem Merkblatt enthaltenen technischen Regeln schließen andere, mindestens ebenso sichere Lösungen nicht aus, die auch in technischen Regeln anderer EG-Mitgliedstaaten ihren Niederschlag gefunden haben können.

Prüfberichte von Prüflaboratorien, die in anderen EG-Mitgliedstaaten zugelassen sind, werden in gleicher Weise wie deutsche Prüfberichte berücksichtigt, wenn die den Prüfberichten dieser Stellen zugrunde liegenden Prüfungen, Prüfverfahren und konstruktiven Anforderungen denen der deutschen Stelle gleichwertig sind. Um derartige Stellen handelt es sich vor allem dann, wenn diese die in der Normenreihe EN 45000 niedergelegten Anforderungen erfüllen.

Bearbeitet von der Fachgruppe »Schul- und Kindergartenbau«
des Bundesverbandes der Unfallversicherungsträger
der öffentlichen Hand e.V. – BAGUV –

Herausgegeben vom Bundesverband der Unfallversicherungsträger der
öffentlichen Hand eV. – BAGUV –, Fockensteinstr. 1, 8000 München 90

Merkblatt
Spielgeräte in Kindergärten

26.14

Ausgabe Januar 1992

Inhalt

1 Aufstellung
Sicherheitsbereiche
Hilfestellung
Untergrund

2 Umwehrungen

3 Bewegliche Teile

4 Oberflächen von Kinderspielgeräten

**5 Überprüfung
Wartung
Instandsetzung**

Vorbemerkungen

Die allgemein anerkannten Regeln der Technik für Kinderspielgeräte sind in DIN 7926, Teil 1 – 5 festgelegt und enthalten Aussagen über Ausführung und Aufstellung der Geräte für Kinder aller Altersgruppen.

Dieses Merkblatt enthält Auszüge aus Regelwerken für Kinderspielgeräte und erläutert für den Kindergartenbereich, auf welche Gefahrstellen besonders zu achten ist.

In Kindergärten ist bei der Beschaffung von Spielgeräten oder ihrer Herstellung in Eigenhilfe auf eine altersgerechte und den Bedürfnissen der Kinder angemessene Auswahl Rücksicht zu nehmen.

Kinderspielgeräte unterliegen dem Gerätesicherheitsgesetz und können durch eine anerkannte Prüfstelle die Bestätigung erhalten, daß sie in Bauart und Konstruktion den sicherheitstechnischen Anforderungen entsprechen (z. B. GS-Zeichen).

1 Aufstellung

Sicherheitsbereiche

Im Umkreis von Kinderspielgeräten müssen ausreichend bemessene Sicherheitsbereiche freibleiben, damit Gefährdungen und Behinderungen durch Gerätekonstruktionen oder bauliche Einrichtungen ausgeschlossen sind.

Sicherheitsbereiche sind notwendige Freiräume, die sicherstellen sollen, daß Kinder sich beim Springen oder Fallen nicht an benachbarten Bauteilen, Einfassungen, Anpflanzungen oder Geräteteilen verletzen können und Platz haben, sich ungehindert zwischen den einzelnen Kinderspielgeräten zu bewegen.

Die Sicherheitsbereiche sind in der Regel dann ausreichend bemessen, wenn in Sprung- oder Fallrichtung Abstände von 2 m eingehalten werden (siehe auch Abschnitt 7.2 der »Richtlinien für Kindergärten – Bau und Ausrüstung« GUV 16.4).

Konstruktionsbedingte Einschränkungen des Sicherheitsbereiches sind zulässig (z. B. bei Einpunktschaukeln), wenn die Geräteteile mit nachgiebigen Abdeckungen oder Verkleidungen versehen sind.

Kinderspielgeräte und Gerätekombinationen müssen so gebaut oder aufgestellt sein, daß Überschneidungen von Hauptlaufrichtungen und Gerätespielbereichen sowie Behinderungen in Schwingbereichen vermieden werden.

Ausreichende Freiräume schaffen

Sicherheitsbereiche im Umkreis von Spielgeräten

4.16 Außenspielflächen

Überschneidungen von Hauptlaufrichtungen und Schwingbereichen vermeiden.

Sicherheitsbereiche bei Rutschen

Sicherheitsbereiche bei Schaukeln

Hilfestellung

Bei Auswahl, Ausführung und Aufstellung von Kinderspielgeräten ist darauf zu achten, daß an allen Stellen eine Hilfestellung durch Betreuer möglich ist (siehe auch Abschnitt 7.3 der »Richtlinien für Kindergärten – Bau und Ausrüstung« GUV 16.4).

Stoßdämpfender Untergrund

Untergrund

Der Untergrund im Sicherheitsbereich der Kinderspielgeräte muß bei freien Fallhöhen von mehr als 50 cm aus ungebundenem Material bestehen und bei freien Fallhöhen ab 1 m stoßdämpfende Eigenschaften besitzen (siehe auch Abschnitt 7.4 der «Richtlinien für Kindergärten – Bau und Ausrüstung» GUV 16.4).

Diese Anforderungen sind sowohl für ortsfeste als auch für ortsveränderliche Kinderspielgeräte zu erfüllen und erstrecken sich auch auf die Bereiche der Fundamente.

Zu den ungebundenen Böden gehören z. B. Rasenflächen. Als stoßdämpfend gelten mindestens 20 cm dicke Schichten aus nichtbindigem Sand oder Feinkies (maximale Korngröße 6 mm).

Fallschutzplatten erfüllen die Anforderungen eines stoßdämpfenden Untergrundes, wenn die nachgiebigen Eigenschaften durch eine Prüfung bei einer anerkannten Prüfstelle nachgewiesen sind.

Bei Kinderspielgeräten in Gebäuden (z. B. Sprossenwänden) können als stoßdämpfende Auflagen Turnmatten nach DIN 7914 Teil 1 oder Niedersprungmatten nach DIN 7914 Teil 3 verwendet werden.

Fallschutzplatten

2 Umwehrungen

Auf Plattformen und Podesten von Kinderspielgeräten sind abhängig von der möglichen Fallhöhe und der Beschaffenheit des Untergrundes Maßnahmen zur Absturzsicherheit zu treffen. Je nach Höhe der Standfläche über dem Boden oder einer tiefer liegenden Plattform sind Handläufe oder Geländer- bzw. Brüstungselemente anzuordnen.

Bei der Konstruktion von Geländern und Brüstungen ist darauf zu achten, daß sie nicht zum Hochklettern und Aufsitzen verleiten.

Folgende Abmessungen sind für die Wahl der Absturzsicherungen und Untergrundeigenschaften maßgebend:

Podest bzw. Plattformhöhe > 1 m ≤ 2 m
Absturzsicherung: Handlauf in einer Höhe von 60 cm – 70 cm
Bodenbelag: stoßdämpfender Untergrund

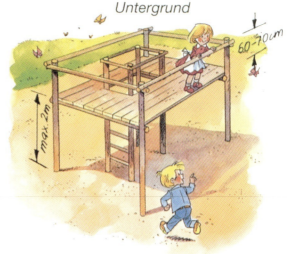

Podest bzw. Plattformhöhe > 50 cm ≤ 1 m
Absturzsicherung: keine Anforderungen
Bodenbelag: ungebundener Boden, z. B. Rasen

Podest bzw. Plattformhöhe > 2 m
Absturzsicherung: Geländer oder Brüstungen in einer Höhe von ≥ 70 cm
Bodenbelag: stoßdämpfender Untergrund

3 Bewegliche Teile

Bewegliche Spielelemente müssen so konstruiert und beschaffen sein, daß Verletzungsgefahren durch Quetsch- und Scherstellen vermieden werden.

Maßnahmen zur Sicherung von Quetsch- und Scherstellen sind z. B.:
- *ausreichende Bodenfreiheit von mind. 40 cm bei Schaukel- und Seilbahnsitzen.*
- *Schaukelgelenke außerhalb der Zugriffsmöglichkeiten von Kindern; ggf. Abschirmung durch Verkleidungen.*
- *Kurzgliedrige Kettenabhängungen an Schaukeln (Öffnungsweite ≤ 8 mm).*
- *Verkleidung der Laufrollen an Seilbahnen.*

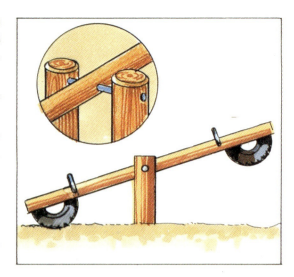

Bei ausschwingenden Teilen besteht die Gefahr von Stoßverletzungen, so daß durch Auswahl und Formgebung des Materials Verletzungsfolgen so gering wie möglich gehalten werden.

Verletzungen durch ungedämpfte Stöße von schwingenden oder drehenden Geräteteilen lassen sich z. B. vermeiden durch:
- *starke Abrundungen der betreffenden Geräteelemente,*
- *Verwendung von Materialien mit dämpfenden Eigenschaften (z. B. PKW-Reifen, elastischer Polyurethan-Kunststoff),*
- *sonstige Abpolsterungen.*

Geräteteile, die hohe Schwungmassen erreichen können (z. B. Balken- oder Gondelschaukeln, Schaukelsitze aus LKW-Reifen), erhöhen das Verletzungsrisiko bei einem Aufprall oder Stoß und werden daher für den Kindergartenbereich als ungeeignet angesehen.

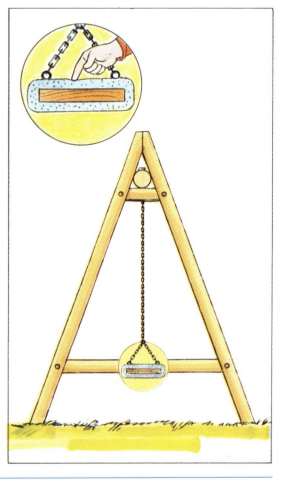

4 Oberflächen

Kinderspielgeräte aus Holz müssen im Spiel- und Berührungsbereich splitterarm ausgeführt sein. Bei Verwendung anderer Werkstoffe ist eine splitterfreie Oberfläche zu gewährleisten.

Holz besitzt aufgrund der natürlichen Beschaffenheit des Werkstoffes gewisse Rauhigkeiten und Rißbildungen (Trockenrisse), so daß sich Geräteteile aus Holz nicht völlig splitterfrei herstellen lassen.

Ältere Holzprodukte, wie z. B. Bahnschwellen, Masten oder Pfähle, die in der Regel Teeröle zur Imprägnierung enthalten, sind für Konstruktionsteile von Kinderspielgeräten nicht zulässig.

Bei der Ausführung und Montage der Kinderspielgeräte ist darauf zu achten, daß Verletzungsgefahren durch scharfkantige Geräteteile und überstehende Verbindungselemente weitgehend ausgeschlossen sind.

Das Verletzungsrisiko durch frei herausragende Schraubenköpfe, Bolzengewinde oder Muttern ist dann verringert, wenn die Befestigungselemente versenkt in die Konstruktionsteile eingelassen sind oder in gratfreier Ausführung nicht mehr als 8 mm vorstehen. Überstehende Nägel und frei herausragende Drahtseilenden sind unzulässig.

Für Ecken und Kanten von vorstehenden Geräteteilen ist ein Abrundungsradius von mind. 3 mm einzuhalten.

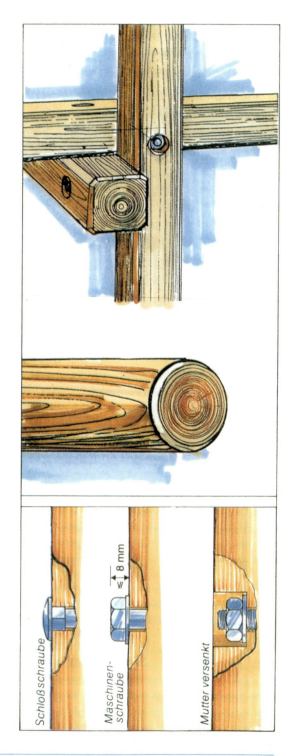

Schloßschraube | Maschinenschraube | Mutter versenkt

5 Überprüfung, Wartung, Instandsetzung

Kinderspielgeräte bedürfen einer regelmäßigen Überprüfung, Wartung und Instandsetzung. Dies gilt besonders für Geräteteile, die z. B. durch bewegliche Elemente einer starken Verschleißbeanspruchung ausgesetzt sind sowie für alle Kinderspielgeräte, die ganzjährig im Freien aufgestellt bleiben.

Die Wartungsintervalle sind abhängig von der Nutzung des Kinderspielgerätes und werden ggf. vom Hersteller vorgegeben. Überprüfungen sind mindestens einmal jährlich durchzuführen. Es ist angebracht, über die durchgeführten Überprüfungen, Wartungs- und Instandsetzungsarbeiten einen schriftlichen Nachweis zu führen.

Die Überprüfung, Wartung oder Instandsetzung ist durch sachkundige Personen durchzuführen. Schadhafte Geräte sind der Benutzung zu entziehen.

Sachkundige sind Personen, die aufgrund ihrer fachlichen Ausbildung und Erfahrung ausreichende Kenntnisse über Kinderspielgeräte besitzen und mit den entsprechenden Vorschriften bzw. Regeln der Technik (z. B. DIN-Normen) vertraut sind, wie z. B. einschlägig vorgebildete Handwerker.

Wird ein Kinderspielgerät zum Zweck der Instandsetzung vorübergehend entfernt, ist darauf zu achten, daß die im Boden verbleibenden Verankerungsteile abgesichert werden.

Beispiel für Nachweis von Wartungs- und Instandsetzungsarbeiten

Nr.	Kinderspielgeräte	Überprüfung in Ordnung	Überprüfung Mängel	Wartung	Instandsetzung
1	Schaukel	X			
2	Rutsche	X			
3	Klettergerüst	X			
4	Kletterkombination	X			
5	Wippe	X			
usw.					

(Kopiervorlage letzte Seite)

4.16 Außenspielflächen

Vegetationsflächen und Pflanzenverwendung

Pflanzen sind die vielseitigsten Baustoffe und Gestaltungsmittel der Gartenarchitektur, sie dienen grundsätzlich zur Gliederung und Strukturierung des Geländes. Sie sollen Nischen bilden, Blickachsen freigeben und in Verbindung mit Geländemodellierungen ein gartenarchitektonisches Gesamtbild erstellen.

Bäume und zusammenhängende Anpflanzungen mit Großsträuchern sind Treffpunkte für Kinder. Hierher ziehen sie sich zurück, hier können sie im Kronenbereich der Bäume klettern oder an dicken Ästen schwingen; gleichzeitig spenden die Bäume Schatten und Windschutz.

Kostenbeispiele:

- Bäume (bei Ersatzpflanzung ist i. d. R. ein Stammumfang von 20 bis 25 cm gefordert)   ca. DM 900,00 bis DM 1.100,00
- Obstbäume: wie andere Bäume
- Großsträucher: Größe ca. 200 bis 250 cm   ca. DM 200,00 bis DM 450,00
- Sträucher   ca. DM 50,00 bis DM 150,00m²
- Bodendecker   ca. DM 45,00/m²

Geeignet sind für diese Einrichtungen vor allem Obstbäume und Ziersträucher.

Nachteile ergeben sich bei dieser Bepflanzung allerdings in der starken Verschmutzung durch Laubabfälle, was sich einschränkend auf die Sandspielbereiche als Pflanzstandort auswirkt.

Kleine Obst- und Gemüsegärten regen das spielerische Interesse der Kinder für die Natur an, sich bildende Kleinbiotope mit Vögeln, Insekten und Nagern tun ein übriges.

Kostenbeispiel: Hochbeet mit einer Randeinfassung aus rundgefrästen Holzpalisaden H = 60/16 cm, einschließlich Befüllung mit Pflanzsubstrat ca. DM 3.100/m²

Teiche und Feuchtbiotope können von Eltern und Kindern in gemeinsamer Leistung selbst modelliert werden. Lediglich das Kleben der Teichfolie sollte von einem Fachbetrieb durchgeführt werden.

Kostenbeispiele:

- Teich, einschließlich Folie 1,5 mm stark   ca. DM 30,00/m²
- Bepflanzung pro Quadratmeter Wasserfläche   ca. DM 35,00/m²

Das sich jährliche Wiederholen von Aussaat, Pflanzen und der Ernte, die Verwendung der selbst angebauten Nahrungsmittel erweitern den Erfahrungsschatz der Kinder erheblich, vor allem wenn dann diese Nahrungsmittel in der Küche auch noch von ihnen zubereitet werden.

Seit einigen Jahren wird bei der Ausstattung verstärkt auf Pflanzen bzw. auf Pflanzenteile zurückgegriffen, die sich durch starke Wuchsfreudigkeit auszeichnen. Hierbei handelt es sich in der Regel um Weidenruten, die einfach nur in den Boden gesteckt und miteinander zu Hütten und Tunneln verbunden werden; sie bewurzeln sich rasch und treiben entsprechend leicht aus. Diese Ruten sind in der Regel preiswert, wenn nicht gar umsonst, über die Grünflächenämter oder Gartenbaubetriebe als Abfallprodukt aus den jährlichen Pflegeschnitten zu beziehen.

Auch bei der Auswahl und Zusammenstellung der Bepflanzung steht die Sicherheit für die Kinder an erster Stelle.

Mittlerweile betrachtet man die Gefahren, die von Pflanzen ausgehen, weitaus nüchterner als vor einigen Jahren, nicht zuletzt gestärkt durch umfangreiche toxikologische Untersuchungen, welche die Gefährlichkeit bestimmter Pflanzen relativieren. So gab der Bundesverband für Garten-, Landschaftsbau und Sportplatzbau e.V. BGL 1996 ein Merkblatt »*Giftige Pflanzen*« heraus, indem die Liste von ehemals etwa fünfzig Pflanzen und deren Zuchtformen auf vier Pflanzen reduziert wurde.

Dies sind die giftigen Pflanzen:

- *Seidelbast* (Daphne mezereum und Zuchtformen)
    - gefährliche Pflanzenteile: Frucht, Samen
    - Vergiftungserscheinungen: Heftiges Kratzen, Verätzungen in Mund und Rachen, Kopfschmerzen, Erbrechen, Durchfall, Herz- und Kreislaufstörungen bis Kreislaufkollaps

- *Pfaffenhütchen* (Euonymus europaeus)
    - gefährliche Pflanzenteile: Frucht, Samen
    - Vergiftungserscheinungen: wäßriger bis blutiger Durchfall, starke Magen- und Darmkoliken, Fieber, Kurzatmigkeit, Kreislaufstörungen bis zum Kollaps

- *Goldregen* (Laburnum anagyroides und Zuchtformen)
    - gefährliche Pflanzenteile: Samen
    - Vergiftungserscheinungen: Leibschmerzen, Herz- und Kreislaufstörungen, Lähmungserscheinungen bis zum Tod durch Atemlähmung

- *Stechpalme* (Ilex aquifolium)
    - gefährliche Pflanzenteile: Frucht, Samen
    - Vergiftungserscheinungen: Erbrechen, heftiger Durchfall, Schläfrigkeit

In Kindertagesstätten sollten aber auch Pflanzen, deren Pflanzenteile aus Dornen und Stacheln bestehen, an exponierten Standorten keine Verwendung finden.

Sonnenschutz in der Außenanlage

Dem Schutz vor der Sonne, insbesondere vor der gefährlichen UV-Strahlung, wird immer größere Bedeutung beigemessen. Für die Außenanlagen in Kindertagesstätten wird der Sonnenschutz meist direkt gefordert oder geregelt. Die dringende Notwendigkeit hierfür ergibt sich aus dem Betrieb in der Sommerzeit.

Diese beschränkt sich natürlich nur auf die Spielbereiche, in denen sich die Kinder längere Zeit aufhalten. Ungeschützte Sandkästen sind z.B. bei intensiver Sonneneinstrahlung nicht über eine längere Zeit zu benutzen.

Bäume
Zunächst bieten sich Bäume als Sonnenschutz an. Sie haben im Sommer eine gute schattenspendende Wirkung. Allerdings führen sie in der Nähe von Sandspielflächen auch zu starker Verschmutzung durch Laub und Äste.

Ihre Position ist unter Berücksichtigung des Wachstums sorgfältig zu planen. Bei Neupflanzung tritt die gewünschte Wirkung oft erst nach mehreren Jahren ein.

Pergolen

Bewachsene Pergolen in Holzbalken-Bauweise bieten eine ähnliche Wirkung wie Bäume. Sie können entweder mit verschiedenen natürlichen Materialien bespannt (Segeltuch oder Bambusmatten) oder aber mit Ranken und Schlingern (Geißblatt, Blauregen, Hopfen o. ä.) bepflanzt werden. Das lebendige Wachstum der Pflanzen vermittelt den Kindern dann zusätzlich ein Naturerlebnis.

Die Unterkonstruktion einer Pergola sollte sehr langlebig sein und weniger Pflege bedürfen, z. B. sind verzinkte Rohrrahmen und geschütztes Holz zu verwenden.

Die Konstruktionen sind recht preiswert und eignen sich sehr gut für Eigenhilfe der Eltern.

Kostenbeispiele:

- Pergola in Holzbauweise   ca. DM 75,00 bis DM 90,00/m²
- Bepflanzung:
  Geißblatt, Größe 60 bis 100 cm   ca. DM 15,00/Stck.
  Blauregen, in gleicher Qualität   ca. DM 45,00/Stck.

Sonnenschirm mit Kurbelantrieb

Schirme

Übliche Sonnenschirme beschatten nur eine kleine Fläche und sind daher nicht geeignet. Großschirme, z. B. ein Schirm pro Gruppensandkasten, die für das Sommerhalbjahr aufgestellt werden, sind geeignet. Meist können diese aber nicht von den Erzieherinnen selbst montiert werden. Daher ist auf leichte Bedienbarkeit zu achten, z. B. durch Kurbelantrieb. Der Stützenfuß wird über eine Bodenhülse in ein Fundament im Sandkasten einbetoniert.

Kostenbeispiel:

Schirm, Durchmesser 5,60 m   ca. DM 5.500,00/Stck.

Sonnensegel
(Foto: Sattler Textile Konstruktionen)

Randeinfassungen von Sandkästen

Sonnensegel

Einen effektiven Sonnenschutz bei niedrigen Kosten bieten einfache Sonnensegel aus Segeltuch, die über Schlaufen an Holzpfosten, Bäumen, Gebäudewänden befestigt werden. Sie müssen in der Mitte ein Abflußloch für Regenwasser haben.

Kostenbeispiel:

Sonnensegel 16 m²　　　　　　　　　　　　DM 960,00

Markisen

Ausfahrbare Stoffmarkisen, die an Gebäudewänden oder Rahmenkonstruktionen angebracht werden, eignen sich ebenfalls.

Bodenbeläge, Abgrenzungen, Einfriedungen

Die gute Nutzungsmöglichkeit der Außenspielflächen hängt sehr von der Auswahl geeigneter Materialien ab. Rollschuhlaufen oder Spielen mit kleinen Spielfahrzeugen können die Kinder auf glatten, ebenen Flächen wie Betonplatten leicht, Kleinpflaster wäre hierbei störend.

Rasen auf steilen Hügelflächen hält meist nicht lange, weil er abgetreten und ausgewaschen wird.

Kostenbeispiele je m² für verschiedene Bodenbeläge mit Unterbau:

Rasen mit Mutterboden	ca. DM 35,00
Betonplatten	ca. DM 80,00
Pflaster	ca. DM 85,00
Fallschutzplatten aus Kautschuk-Granulat (als Alternative zu Sand im Bereich von Spielgeräten)	ca. DM 190,00
Sand 0/2, 40 cm dick	ca. DM 45,00
Feinkies 0/8	ca. DM 50,00
Spielplatzmulch 20/40	ca. DM 50,00

Sandflächen müssen für den jährlichen Austausch leicht mit Fahrzeugen und Gerät erreicht werden können.

Wie in den Richtlinien erwähnt, dürfen Abgrenzungen von Spielgeräten oder Spielbereichen keine scharfen Kanten aufweisen. Wenn Beton-Kantensteine aus planerischen Gründen Verwendung finden müssen, dann sollten sie eine Abdeckung aus Hartgummi-Profilen aufweisen.

Kostenbeispiele:

Ein kompletter Kantenstein 6/30/100 cm ca. DM 90,00/m

Ansonsten sind als Sandkasteneinfassungen auch kesseldruck-imprägnierte Holzschwellen oder rundgefräste Holzpalisaden zu empfehlen. In beiden Fällen gilt aber: Das Holz muß gehobelt, die Kanten müssen gefast, und die Imprägnierung muß chromfrei sein.

Kostenbeispiele:

- Holzschwellen ca. DM 90,00/m
- Rundhölzer ca. DM 180,00/m
- Rundholzpalisaden ca. DM 190,00/m

Holzpalisaden

Ebenfalls hohe Dämpfungswerte werden mit Einfassungen aus linearem/kubischem Kautschuk-Granulat erzielt, das heute größtenteils aus wiederverwerteten Materialien gewonnen wird. Dieser Werkstoff findet als Palisaden, Schwellen, Fallschutzplatten und Sitzblöcke Verwendung.

Kostenbeispiele:

- Sitzblöcke ca. DM 280,00
- Schwellen ca. DM 190,00/m

Weiterhin finden gepflasterte Rundungen wegen der vielfältigen Gestaltungsmöglichkeit immer noch Verwendung. Wo allerdings Pflasterhügel oder -mulden geplant werden, sollte die Körnung des Sandes 1 mm nicht überschreiten, da eine größere Korngruppe die Rutschgefahr erhöht.

Kostenbeispiel:

Pflasterbelag aus Beton-Mosaikpflaster ca. DM 100,00/m^2

Aufteilungen von Spielbereichen aus Böschungs- oder Gartensteinen sollten mit einer Abdeckung aus Holzrosten versehen sein, die mit der Unterlage konstruktiv verbunden sind, wobei die Schlitzweiten genügend weit bemessen sein müssen, damit die Kinder nicht mit ihren Fingern hängenbleiben können.

Kostenbeispiel:

Bankauflage aus splitterfreien Hartholzrosten ca. DM 700,00/m

Während Abgrenzungen eine Trennung einzelner Spiel- bzw. Sicherheitsbereiche darstellen, erfüllen Einfriedungen (Zäune) eine andere Aufgabe: Sie haben die wesentliche Funktion, Spielplatzbereiche von dem übrigen Umfeld sicher zu trennen.

Zum Beispiel muß verhindert werden, daß im Spiel vertiefte Kinder plötzlich auf die Straße laufen können. Gleichzeitig aber sollte genug Transparenz vorhanden sein, damit sich der Spielbereich nicht zu einem isolierten Spielraum reduziert, in dem jeder Bezug zum Umfeld abgetrennt werden soll.

Stabgitterzäune in verzinkter und einbrennlackierter Ausführung

Dieses wird heute in zunehmendem Maße mit sogenannten Stabgitterzäunen erreicht, die im Gegensatz zu herkömmlichem Maschendraht eine höhere Stabilität aufweisen.

Stabgitterzäune gibt es in verschiedenen Höhen und Gitterformaten. Die Höhe richtet sich nach örtlich unterschiedlichen baurechtlichen Vorschriften, wohingegen das Gitterformat mit 5 cm in der Breite und 20 cm in der Höhe festgelegt ist. Somit ist weitgehend gewährleistet, daß Klettern unmöglich ist. Stabgitterzäune können mit allen RAL-Farben beschichtet werden, sind aber zumindest feuerverzinkt. Scharfe Grate aus der Verzinkung und produktionstechnisch begründete Überstände der Gitter sind grundsätzlich zu entfernen.

Verschraubungen müssen abgerundet oder mit Kappen verblendet werden.

Für die Toranlagen gilt: Aufhängungen sind so zu konstruieren, daß die Torflügel immer eng um die tragenden Pfosten schwingen. Außerdem dürfen sie keine Auftrittmöglichkeiten haben.

Kostenbeispiele:

- Stabgitterzaun, einfache, feuerverzinkte Ausführung H = 1,83 m   ca. DM   145,00/m
- Toranlage 3,00 m breit, zweiflügelig   ca. DM 2.600,00
- Toranlage 1,20 m breit, einflügelig   ca. DM 1.500,00

Es können aber auch durchaus Holzzäune Verwendung finden. Bei der Konstruktion der Sichtschutzelemente ist darauf zu achten, daß die Pfosten gefaste Kanten aufweisen und die Verlattung in senkrechter Bauweise erfolgt. Außerdem muß der Riegelabstand genügend groß sein, damit ein Hochklettern verhindert wird.

Kostenbeispiel:

Holzflechtzaun H = 1,80 m   ca. DM   180,00/m

Stabgitterzäune mit gesicherten Stabenden als Unfallschutz

4.16 Außenspielflächen

Sandkästen im Bau

Außenspielfläche mit Schallschutzwand und frisch angepflanzter Wandbegrünung

5 Projektbeschreibung

Die Ausführungen zu den unterschiedlichen Aspekten des Kindertagesstättenbaus werden nochmals im Zusammenhang am Beispiel einer dreigruppigen Einrichtung, die 1996 in Betrieb genommen wurde, erläutert.

5.1 Ausgangssituationen

Rösrath, eine Gemeinde mit ca. 25.000 Einwohnern im Rheinisch-Bergischen Kreis (RBK), hatte im Osten ihres Ortszentrums ein neues Baugebiet Rösrath-Hack für 1.000 Bewohner ausgewiesen, das mittlerweile größtenteils fertiggestellt ist.

In der Gemeinde bestehen 12 Kindertagesstätten (Stand Dezember 1996), deren Träger sind:

- Gemeinde Rösrath   zwei Einrichtungen
- Katholische Kirche   drei Einrichtungen
- AWO Kreisverband RBK   eine Einrichtung
- Elterninitiativen   sechs Einrichtungen

Im Rahmen der Bedarfsplanung des Rheinisch-Bergischen Kreises zur Umsetzung des Rechtsanspruchs auf einen Kindergartenplatz wurde in der neuen Wohnsiedlung Hack der Standort einer dreigruppigen Kindertagesstätte auf einem gemeindeeigenen Grundstück festgelegt [19], [25].

5.2 Aufgabenverteilung

Initiator und Grundstückseigentümer

Die Gemeinde Rösrath

- stimmte den Bedarf mit der Jugendhilfeplanung des Kreises ab.
- schaffte die planungsrechtlichen Voraussetzungen.
- suchte Investor und Träger.
- koordinierte die Zusammenarbeit der Beteiligten.

Investoren und Bauherren

Investor ist ein Ehepaar aus Oberhausen, das in der Wohnwirtschaft tätig ist. Es baute bereits 1990 (in 11 Monaten ab Bauantrag) eine Kindertagesstätte (KiTa) im Investorenmodell für die Stadt Krefeld und halfen mit diesem Projekt der Stadt über eine schwierige Situation hinweg und betrat damit Neuland bei der Finanzierung von Kindertagesstätten.

1995 kam noch eine KiTa für die Stadt Köln hinzu. Als Investoren sind die Eheleute Erbpachtnehmer des Grundstücks, voll verantwortliche Bauherren, Eigentümer und Vermieter der Anlage.

Träger

Die Arbeiterwohlfahrt (AWO), Kreisverband Rheinisch-Bergischer Kreis e. V., Bergisch Gladbach, engagierte sich sehr stark bei der Schaffung von Betreuungsangeboten für Kinder. Sie ist Träger von 13 eigenen und fünf korporativen Einrichtungen. Weitere Kindertagesstätten sind in Planung.

Genehmigungsbehörde

Der Rheinisch-Bergische Kreis, Bergisch Gladbach, war bei diesem Bauvorhaben zuständig für:

- die Bedarfsfeststellung und Genehmigung im Rahmen der Jugendhilfeplanung
- die Abstimmung des Raumprogramms und der Ausstattung
- die bauaufsichtliche und brandschutztechnische Prüfung

Der Unfallschutz wurde im Rahmen des Verfahrens vom staatlichen Gewerbeaufsichtsamt Köln durchgeführt.

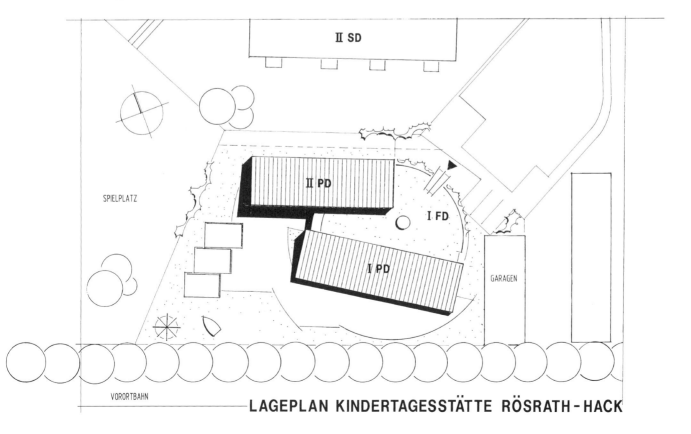

Investorenmodell

Die Gemeinde Rösrath schloß mit den Investoren einen Erbpachtvertrag über das Grundstück ab mit einer Laufzeit von 50 Jahren.

Die Höhe des Erbpachtzinses ist ortsüblich, wird aber auf die Dauer der Nutzung als Kindertagesstätte ausgesetzt.

Der Mietvertrag zwischen Investoren und Träger wurde auf 25 Jahre mit einer Verlängerungsoption um weitere fünf Jahre abgeschlossen.

Pädagogisches Konzept

Bei der Einrichtung des pädagogischen Konzeptes geht das Betreuerteam unter der Leitung von Herrn Peter Nowak von einem situationsorientierten Ansatz aus. Die Entwicklungsbegleitung für das einzelne Kind steht im Mittelpunkt. Die Formulierung und Weiterentwicklung der Zielsetzungen erfolgt in enger Zusammenarbeit mit den Eltern.

5.3 Projektdaten

Gruppenanzahl:	3
Gruppenstruktur:	2 Kindergartengruppen mit je 25 Kindern
	1 große altersgemischte Gruppe mit 20 Kindern
Kinderanzahl:	70
Personal:	9 Pädagoginnen/Pädagogen
	2 hauswirtschaftliche Mitarbeiterinnen
	2 Reinigungskräfte
Bebaute Fläche:	492 m^2
Grundstücksfläche:	1.300 m^2
Nutzfläche:	476,40 m^2 = 86 %
Halle und Flur (ohne Treppen):	77,06 m^2 = 14 %
Gesamt:	553,46 m^2 = 100 %
Bruttorauminhalt (a):	2.275,00 m^3
Bruttorauminhalt pro Nutzfläche:	4,11 m^3
Bruttogeschoßfläche:	635,00 m^2
Baugenehmigung:	Mai 1995
Fertigstellung:	März 1996

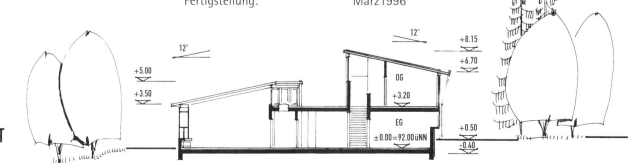

SCHNITT

5.3 Projektdaten

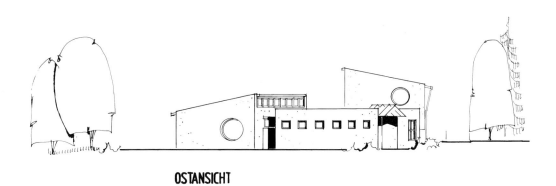

OSTANSICHT

SÜDANSICHT

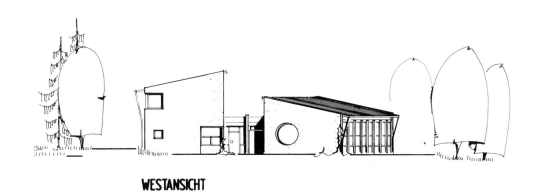

WESTANSICHT

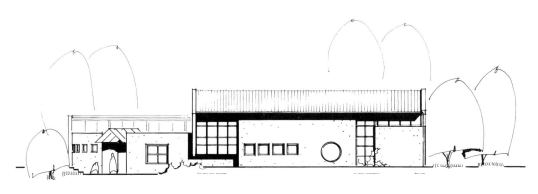

NORDANSICHT

5.4 Besonderheiten der Planung

Zuordnungen/Ziele

Alle Gruppenräume sollten ebenerdigen Anschluß an die Außenanlagen haben, das Gebäude sollte aber so kompakt wie möglich gehalten werden. Deshalb werden Mehrzweckraum und Personalräume ins Obergeschoß gelegt.

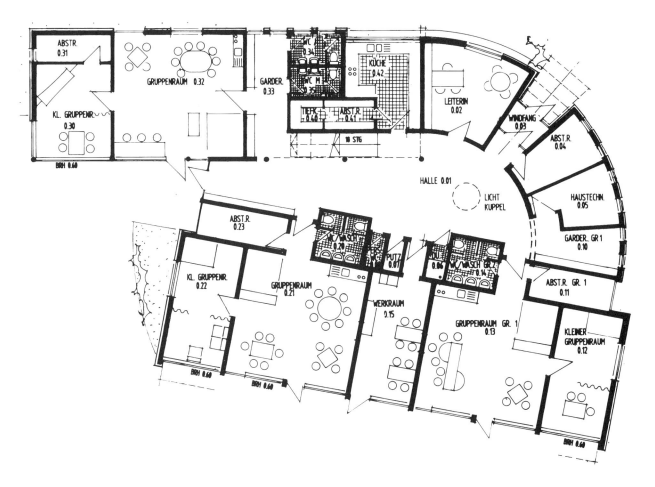

Erdgeschoß

Flexibilität

Der Werkraum liegt als Koppelraum zwischen den Gruppenräumen, so daß er z. B. als Säuglingsraum einer Gruppe oder als Außengeräteraum den Außenspielplätzen zugeordnet werden kann.

Abstellräume im Obergeschoß sind von Lage, Größe und Belichtung auch als Werkräume oder kleine Gruppenräume z. B. für Hortkinder geeignet. Sollte in späterer Zeit kein Bedarf an Kindergartenplätzen mehr bestehen, können in diesem Gebäude mit geringem Aufwand Wohnungen hergestellt werden.

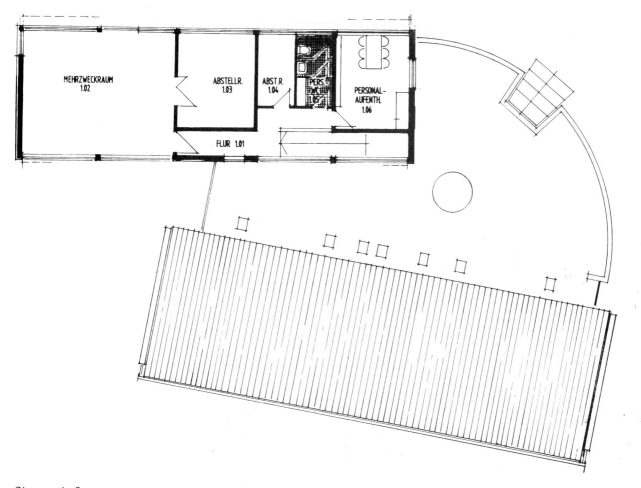

Obergeschoß

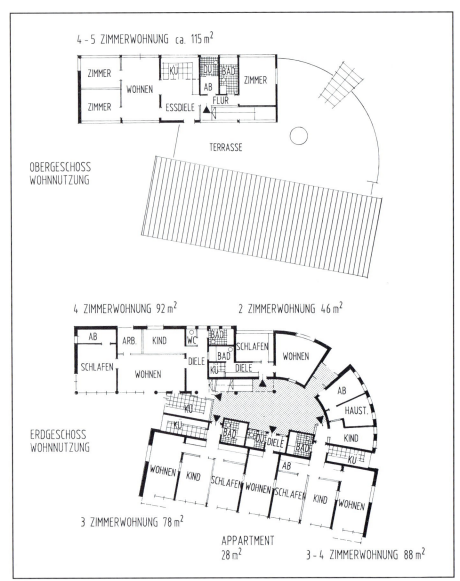

Alternative Nutzung

Zum Zeitpunk der Übergabe waren zwei Kindergartengruppen und eine große altersgemischte Gruppe vorgesehen.

Falls die Einrichtung einer kleinen altersgemischten Gruppe notwendig wird, wird der Werkraum in einen Säuglingsraum umgewandelt und der Werkraum in den großen Abstellraum im 1. Obergeschoß verlegt.

Falls in späteren Jahren kein Bedarf an Kinderbetreuungsplätzen mehr besteht, kann das Gebäude in Wohnungen umgeplant werden.

Energiekonzept

Zur passiven Solarenergienutzung sind die großen Glasscheiben der Räume nach Süden orientiert. Die Halle wird über den ebenfalls mit großen Südfenstern ausgestatteten Treppenaufgang erwärmt und belichtet. Fast alle Räume werden natürlich belichtet und belüftet.

Der Heizungsbedarf pro Jahr liegt mit Q'H 20,54 kWh/m³a bei ca. 80 % der zulässigen Werte nach Wärmeschutzverordnung 1995 mit Q'H max = 25,77 kWh/m³a.

Die nach Fertigstellung und Inbetriebnahme der Einrichtung abgerechneten Betriebskosten für Heizung und Strom liegen sehr niedrig und bestätigen die Planung.

Sonnenschutz und Belichtung

Alle Gruppen- und Mehrzweckräume erhielten an der Südseite große Dachüberstände oder Außenrollos als Sonnenschutz. Blendfreies Nordlicht beleuchtet tiefe Raumzonen.

Kostenreduzierungen

Insbesondere zum Dachtragwerk und zur Einrichtung wurden mehrere Varianten untersucht, um eine wirtschaftliche, funktionstüchtige und gestalterisch ansprechende Konstruktion zu finden.

Für das Dach wurde schließlich eine Sparren-Pfetten-Konstruktion gewählt, weil so auf einfache Weise durch die auskragenden Sparrenköpfe der konstruktive Sonnenschutz hergestellt werden konnte. Auch ließen sich die inneren Dachbekleidungen mit Wärmedämmung und Schallschluckplatten an den in ca. 65 cm Abstand liegenden Sparren ohne zusätzliche Unterkonstruktion befestigen. Für die Eindeckung wurden farbig beschichtete Wellplatten aus Kunststoffbeton verwendet.

Belichtung der Halle

Kostenbeispiele		Preise jeweils pro m² Dachfläche (Stand: 1996)
1	Betondachsteine, Lattung, Unterspannbahn	DM 69,00
	Holzpfettendach, Sparren h = 18 cm	DM 51,00
	Mineralwolle d = 14 cm	DM 45,00
	Abhangdecke mit Akustikplatten	DM 75,00
		DM 240,00
2	Großformatwellplatten, farbig	DM 59,00
	Holzpfettendach, Sparren h = 18 cm	DM 51,00
	Mineralwolle d = 14 cm	DM 45,00
	Abhangdecke mit Akustikplatten	DM 75,00
		DM 230,00
3	Großformatwellplatten, farbig	DM 59,00
	Dachverbundelemente mit 18 cm Wärmedämmung	DM 123,00
	Pfettenkonstruktion (Auflager)	DM 16,00
	Schallabsorbierende Tapete	DM 28,00
		DM 226,00
4	Zinkblechstehpfalzdeckung mit Schalung	DM 220,00
	Holzpfettendach, Sparren h = 18 cm	DM 53,00
	Mineralwolle d = 14 cm	DM 45,00
	Abhangdecke mit Akustikplatten	DM 75,00
		DM 393,00

Quelle: [21], [27]

5.5 Abstimmung mit den Behörden

Zu Brandschutz und Unfallschutz wurden intensive Verhandlungen mit dem Kreis und dem Gewerbeaufsichtsamt geführt.

Dabei wurde z. B. eine einfache Lösung für den weiten Rettungsweg aus dem Obergeschoß über das Flachdach gefunden: Vom obersten Treppenpodest führt eine Fenstertür mit hochliegendem Beschlag auf die Flachdachfläche über dem Erdgeschoß. Von hier aus ist eine leichte Rettung möglich.

Außerdem konnte auf einige Unfallschutzauflagen, wie z. B. Törchen an der Treppe, verzichtet werden.

5.6 Baubeschreibung

Bauvorhaben: Neubau einer Kindertagesstätte
Im Pannenhack, Rösrath-Hack

Baubeschreibung

1. Baugrube

Aushub der Fundamente, Wiederverfüllung der Arbeitsräume, Bodenaustausch des nicht tragfähigen Baugrundes

2. Fundamente

Stahlbetonstreifen-/-punktfundamente gemäß Statik

3. Bauwerksohle

Stahlbetonbodenplatte mit unterseitiger Wärmedämmung

4. Tragende Außenwände

Erdgeschoß: Kalksandstein-Mauerwerk mit Abdichtung gegen Bodenfeuchtigkeit

Obergeschoß: Kalksandstein-Mauerwerk, teilweise Stahlbeton

5. Außenstützen

Stahlbetonrechteck-/-rundstützen, Leimholzrechteckstützen

6. Tragende Innenwände

Kalksandstein-Mauerwerk gemäß Statik

7. Deckenplatten

Stahlbeton gemäß Statik

8. Trennwände

Kalksandstein-Mauerwerk

9. Dachkonstruktion

Geneigtes Dach

Dachstuhl	Pfettendachstuhl Nadelholz GK II
Eindeckung	Wellplatten aus Kunststoffbeton, Farbton metallic grau auf Lattung, Unterspannbahn
Traufe	vorgehängte Zinkdachrinnen mit Traufsteifen
Ortgänge	Untersichten in Holzschalung
Wärmedämmung	14 cm Mineralwolle zwischen den Sparren
Bekleidung	Akustik-Abhangdecke/ballwurfsichere Metall-Paneeldecke, Gipskarton-Unterdecke

5.6 Baubeschreibung

Tragkonstruktion im Rohbau

Detail Dachkonstruktion

Flachdach

Dachdecke	Ortbetondeckenplatte
Eindeckung	Warmdachaufbau, Flachdachabdichtung, extensive Begrünung
Attika	Kalksandstein-Mauerwerk, gedämmt, mit oberseitiger Zinkblechabdeckung

10. Fassadenbekleidung

Vollwärmeschutz aus 8 cm Polystyrol und mineralischem Leichtputz

11. Fenster

	Holzfenster, mit Zweischeiben-Isolierverglasung, Verbundsicherheitsglas (VSG), Außentüren mit Fingerschutzdichtung, Außenfensterbänke, Aluminium, weiß einbrennlackiert, innere Fensterbänke Holz/Marmor Jura gelb
Haustüranlage	Holzprofile, Verglasung mit Verbundsicherheitsglas (VSG), Stoßgriff aus Stangensystem, elektromagnetischer Türöffner, Türfeststeller schwere Ausführung, Obentürschließer als Panikbeschlag, Fingerschutzdichtung, integrierter Briefkasten, Klingel- und Sprechanlage, farbige Hausnummer
Schließanlage	Schließanlage gleichschließend jeweils für Innentüren/Außentüren, separat für Leiterin, Hausanschluß-/Technikraum
Sonnenschutz	teilweise Sonnenschutzrollos, außen

13. Treppe

tragender Stahlbetonlauf,
Belag aus Vollholzstufen
Geländer mit Stahlhandlauf, lackiert, Füllung Lochblech/Stäbe

14. Innentüren

Hausanschlußraum	feuerhemmende Stahltür T 30
Windfang	Türanlage aus Holzprofilen, Verglasung (VSG) einfach, Türfeststeller schwere Ausführung, Obentürschließer als Panikbeschlag, Fingerschutzdichtung
Sonstige	Stahlumfassungszargen, Türblatt: Vollspanplatteneinlage, Oberfläche weißlackiert

5.6 Baubeschreibung

Haupteingang

Brüstungsdetail im Gruppenraum

15. Wandbekleidungen

Hausanschluß-/ Abstellraum	Anstrich weiß
Küche	Gipsputz mit Anstrich weiß, Fliesenspiegel, Fliesen matt weiß 20/20 cm
Dusche, WC/Waschen, Personal-WC	Gipsputz, Fliesenbelag bis 2,00 m über OKF, Fliesen wie Küche, Rest: Anstrich weiß
Sonstige	Gipsputz mit Anstrich weiß

16. Deckenbekleidung

Hausanschluß-/ Abstellraum	Anstrich weiß
Halle + Windfang	Innenputz, Anstrich weiß
Gruppenräume, Werkraum, Flur OG	Schallabsorbierende Abhangdecke, weiß
Mehrzweckraum	Metall-Paneeldecke, ballwurfsicher
Sonstige	Gipsputz (EG)/Gipskartonbekleidung (OG) mit Anstrich, weiß

17. Bodenbeläge

Hausanschlußraum	Estrich auf Trennlage, Anstrich
Windfang	Schwimmender Estrich, Anstrich, Kokos-Schmutzfangmatte
Dusche, WC/Waschen, Personal-WC	Schwimmender Estrich mit Fliesenbelag R 10/11, Farbe hellgrau
Küche	Schwimmender Estrich mit Fliesenbelag R 12, Farbe hellgrau
Mehrzweck-/ Abstellraum	Schwimmender Estrich mit Kautschuk-Bodenbelag, elastisch, weichfedernd
Sonstige	Schwimmender Estrich mit Linoleum-Bodenbelag, blau

18. Heizung

Anlage	gasgefeuerte Warmwasser-Pumpenumlaufheizung mit zentralem Kessel
Regelung	außentemperaturgeführte Vorlaufregelung mit Außenfühler, Vorlauffühler und Nachtabsenkung
Leitungen	Kupferrohr
Absperrungen	an jedem Heizkörper
Heizflächen	Stahlheizkörper, teilweise mit Standkonsolen, Thermostatventile, teilweise ballwurfsicher

5.6 Baubeschreibung

Hochliegendes Oberlicht ergibt gute Raumausleuchtung

Kleiner Gruppenraum mit gemütlicher Einrichtung

Gruppenraum, Fensteranlage von innen

19. Wasserversorgung

Hausanschluß	durch örtliches Versorgungsunternehmen
Leitungen	Kupferrohr; Warmwasserleitungen, Isolierung wie Heizung, Kaltwasser mit Schwitzwasserisolierung
Warmwasserbereitung	zentrale Warmwasserversorgung
Absperrung	Absperrventile unter Putz in den Naßräumen
Verbrauchsmessung	1 Kaltwasserzähler

20. Entwässerung

Kanalanschluß	Anschluß an den öffentlichen Kanal mit Revisionsschächten im Außenbereich
Schmutzwasser-Falleitungen	Kunststoffrohr, schallisoliert
Anschlußleitung	Kunststoffrohr, wie vor
Regenleitungen	außerhalb des Gebäudes im Erdreich in Kunststoffrohr
Regenfalleitungen	Zink-Fallrohr
Bodenabläufe	in WC-Waschräumen, Personal-WC und Hausanschlußraum

21. Einrichtungen

WC-Anlagen	– Kinder-WC-Anlagen Porzellan Tiefspülklosett, wandhängend, Kindergröße, weiß WC-Sitz mit Deckel, Kunststoff weiß, Unterputz-Spülkasten – Personal-WC-Anlagen wie vor
Waschtischanlage	Porzellan-Waschtisch b = ca. 55 mm Porzellan weiß, Einhebel-Mischbatterie Kristallspiegel 50/40 bzw. 60/50 cm Porzellanablage 60 cm für Personal-WC
Duscheinrichtung	Duschwanne 90/90 cm Stahl, emailliert, weiß, Ab- und Überlaufgarnitur mit Magnetstopfen, Einhebel-Brausebatterie Brausestange, -flexschlauch und Handbrause, verchromt
Küche	Anschlußmöglichkeit für teilgewerbliche Spülmaschine

22. Entlüftung

Lagerraum/ WC Mädchen	mechanische Entlüftung
Sonstige innenliegende Räume	Entlüftung über Lichtkuppeln

5.6 Baubeschreibung

*Spülbecken mit
Gipsfangbecken
im Werkraum*

*Waschraum der Hort-
gruppe mit Waschtischen
für unterschiedlich
große Kinder*

*Von Kindern umge-
nutzter Abstellraum*

23. Elektroinstallation

Leitungen	unter Putz
Außenbereich	Eingang – links und rechts je 1 Wandbrennstelle 9 Wandbrennstellen verteilt 2 Schukosteckdosen, wasserdichte Ausführung 1 Sprechanlage neben der Eingangstür
Windfang	1 Deckenbrennstelle mit Wechselschaltung
Eingangshalle	1 Anschluß für RWA-Taster 1 Deckenbrennstelle 21 Halogen-Deckeneinbauleuchten
Garderobe Gruppe 1	2 Deckenbrennstellen mit jeweiliger Ausschaltung 1 Schukosteckdose
Garderobe Gruppe 3 Werkraum	2 Deckenbrennstellen mit 3 Lichtdrucktastern 1 Deckenbrennstelle in Wechselschaltung 2 Deckenbrennstellen in jeweiliger separater Schaltung 4 Schukodoppelsteckdosen
Gr. Gruppenraum Gruppe 1/3	2 separate Schaltungen, wobei 1 Deckenbrennstelle in Ausschaltung und 2. Schaltung 6 Deckenbrennstellen in Ausschaltung 1 Deckenbrennstelle im Eingangsbereich separat installiert 3 Schukodoppelsteckdosen Installation einer kompletten Kinderküche (Herdanschluß für 2 Kochplatten, Kühlschrank und 1 Schukodoppelsteckdose)
Gr. Gruppenraum Gruppe 2	wie vor, jedoch – in der 2. Schaltung 4 Deckenbrennstellen – 4 Schukodoppelsteckdosen – 1 Schukosteckdose im Eingangsbereich
Kl. Gruppenraum Gruppe 1/2/3	2 Deckenbrennstellen in jeweiliger Ausschaltung 2 Schukodoppelsteckdosen Schukosteckdose
alle Abstellräume (außer Allgem. EG)	1 Deckenbrennstelle in Ausschaltung 1 Schukosteckdose
Abstellraum EG	1 Deckenbrennstelle in Ausschaltung 3 Schukosteckdosen Unterverteilung für Erdgeschoß
WC/Waschen Gruppe 1/2	1 Wandbrennstelle 1 Deckenbrennstelle
WC/Mädchen, Jungen	1 Wandbrennstelle 2 Deckenbrennstellen 1 Schukosteckdose
Personal-WC EG	1 Wandbrennstelle Schukosteckdose

5.6 Baubeschreibung

Zentrale Halle

Mehrzweckraum mit Klettergerüst

Hauptküche

Dusche, Putzmittel	1 Deckenbrennstelle in Ausschaltung
Küche	2 Deckenbrennstellen in jeweiliger Ausschaltung
	3 Schukodoppelsteckdosen als Arbeitssteckdosen
	je 1 Steckdose für Kühlschrank, Dunstabzug, Convectomat (separate Absicherung)
	je 1 Anschluß 3 x 380 V für E-Herd und Spülmaschine
Leiterin	2 Deckenbrennstellen in separater Schaltung
	4 Schukosteckdosen
	Sprechanlage, Telefon
	3 Kontrollschalter zum Abschalten der Stromkreise
Hausanschlußraum	1 Deckenbrennstelle in Ausschaltung
	1 Schukosteckdose
	Zählerschrank für gesamte Anlage
Flur OG	3 Deckenbrennstellen in Tasterschaltung einschließlich 3 Lichtdrucktastern
	je 1 Anschluß für Sprechanlage, Telefon und Rauchabzugsanlage
Mehrzweckraum	Abdeckungen ballwurfsicher
	6 Deckenbrennstellen in 2 separaten Schaltkreisen
	4 Schukodoppelsteckdosen
	1 Schukosteckdose
Personalraum	2 Deckenbrennstellen in jeweiliger separater Ausschaltung
	3 Schukodoppelsteckdosen
	1 Schukosteckdose
Personal-WC (OG)	2 Deckenbrennstellen
	1 Wandbrennstelle
	2 Schukosteckdosen

24. Außenanlagen

Rasen- und Pflanzflächen	Herstellung von Rasen- und Pflanzflächen
	Mutterbodenauftrag d = 30 cm
	Rasenkantensteine als Begrenzung
Einfriedung	Stabgitterzaun, h = ca. 100 cm, entlang der Grenzen zum Nachbarn
Wegeflächen	Gehwegplatten/Rechteckpflaster mit Kantensteinen als seitlicher Abschluß, teilweise Rundholzeinfassungen

5.6 Baubeschreibung

Gestaltung der Außenfläche mit einfachen Mitteln: Zelt aus Weidenruten, Kunststoffboot

Der benachbarte Spielplatz kann mitbenutzt werden

5.7 Nutzflächenzusammenstellung

Erdgeschoß

0.01	Halle	61,84 m²
0.02	Leiterin	20,26 m²
0.03	Windfang	4,04 m²
0.04	Abstellraum	10,14 m²
0.05	Haustechnik	10,66 m²
0.06	Dusche	1,75 m²
0.07	Putzmittel	1,53 m²
0.08	Personal-WC	1,53 m²
0.10	Garderobe	9,94 m²
0.11	Abstellraum	7,58 m²
0.12	kleiner Gruppenraum	20,90 m²
0.13	Gruppenraum	44,62 m²
0.14	WC/Waschraum	6,21 m²
0.15	Werkraum	22,87 m²
0.20	WC/Waschraum	6,21 m²
0.21	Gruppenraum – wie 0.13	44,62 m²
0.22	kleiner Gruppenraum – wie 0.12	20,90 m²
0.23	Abstellraum	8,04 m²
0.24	Garderobe	5,17 m²
0.30	kleiner Gruppenraum	19,94 m²
0.31	Abstellraum	5,47 m²
0.32	Gruppenraum	45,00 m²
0.33	Garderobe	45,00 m²
0.34	WC-Jungen	4,28 m²
0.35	WC-Mädchen	4,28 m²
0.40	Kühlraum	2,25 m²
0.41	Abstellraum	4,15 m²
0.42	Küche	16,04 m²
0.43	Terrasse, überdacht	11,75 m²

Zwischensumme EG **435,66 m²**

Obergeschoß

1.01	Flur	11,18 m²
1.02	Mehrzweckraum	52,77 m²
1.03	Abstellraum	19,35 m²
1.04	Abstellraum	7,35 m²
1.05	Personal-WC	7,35 m²
1.06	Personal-Aufenthaltsraum	19,80 m²

Zwischensumme OG **117,80 m²**

Gesamtnutzfläche **553,46 m²**

5.8 Kostenzusammenstellung

Die Kosten sind grundsätzlich nach DIN 276 von 1993 gegliedert. Die dritte bis fünfte Gliederungsziffern sind einer bürointernen Systematik entnommen.

200 Erschließung	DM
22000 Nichtöffentliche Erschließung	
22290 Gasversorgung	3.323,50
22291 Wasserversorgung	1.713,07
22292 Elektrische Stromversorgung	2.044,70
22296 Kanalanschluß/Tiefbau	24.500,00
22999 Herrichten Bodenaustausch	97.764,00
Zwischensumme Erschließung	**129.345,27**

300 Bauwerk-Baukonstruktionen	%-Anteil Kostengruppe 300 + 400	DM
37201 Erdarbeiten	2,14	24.300,00
37204 Rohbauarbeiten	26,45	300.560,00
37207 Zimmerarbeiten	3,28	37.326,83
37208 Dachdecker/Klempner	8,67	98.584,82
37210 Vollwärmeschutz	5,14	58.384,16
37215 Gerüst	0,62	7.011,95
37216 Fenster/Sonnenschutz	13,46	152.992,55
37228 Trockenbau	3,10	35.262,47
37229 Innenputz	4,03	45.834,98
37230 Estrich	2,34	26.577,44
37231 Fliesen	3,25	38.078,47
37235 Schlosser	0,33	3.749,00
37236 Schreiner	0,95	10.831,05
37239 Innentüren	2,17	24.714,15
37244 WC-Trennwände	0,75	8.559,23
37245 Maler	2,43	27.637,82
37248 Bodenbelag	3,33	37.862,52
37288 Gebäudereinigung	0,26	2.937,09
Zwischensumme Bauwerk-Konstruktionen	**82,78**	**941.204,53**

400 Bauwerk – Technische Anlagen		DM
40262 Heizung/Sanitär	10,52	119.560,00
40270 Elektro	3,10	35.269,35
40271 Lampen + Leuchten	3,29	37.383,28
40275 Rauchabzugsanlage	0,31	3.553,43
Zwischensumme Technische Ausstattung	**17,22**	**195.766,06**
Zwischensumme 300 und 400	**100,00**	**1.136.970,60**
500 Außenanlagen gesamt		**83.021,57**

700 Baunebenkosten (Vorbereitung, Planung, Durchführung)	DM
710 – 1 Planungs- und Bauleitungskosten (HOAI)	
710 – 1.1 Architekt	98.000,00
710 – 1.2 Tragwerksplanung	18.147,00
710 – 1.3 Vermessung	5.000,00
750 Allgemeine Baunebenkosten	
750 – 1 Behördliche Prüfungen:	
750 – 1.2 Baugenehmigung	6.091,00
750 – 1.3 Prüfstatik	6.909,00
750 – 1.5 Bodengutachten	6.624,00
750 – 3 Sonstige Gebühren:	
750 – 3.1 Teilungsvermessung	5.359,00
750 – 3.2 Kataster-Übernahme 1	928,00
750 – 3.3 Kataster-Übernahme 2	150,00
750 – 3.4 sonstige Nebenkosten	12.324,00
Zwischensumme Baunebenkosten	**159.532,00**
Gesamtkosten	**1.508.869,43**
./. Anteil Bodenaustausch	97.764,00
	1.411.105,43

5.8 Kostenzusammenstellung

Baukosten-Kennwerte in DM

Baukosten	gesamt	pro Gruppe	pro Kind	pro m² Nutzfläche	pro m³ BRI
200 Herrichtung und Erschließung	31.581.27*	10.527.09	451,16	57,00	13,88
300 Bauwerk – Baukonstruktionen	941.204,53	313.734,84	13.445,78	1.700,77	413,72
400 Bauwerk – Technische Anlagen	195.766,06	65.255,35	2.796,66	353,75	86,05
Summe 300 und 400	1.136.970,60	378.991,20	16.242,44	2.054,52	499,77
500 Außenanlagen	83.021,57**	27.673,86	1.186,02	150,02	36,49
700 Baunebenkosten	159.532,00	53.177,33	2.279,03	288,03	70,12
Gesamtkosten	1.411.105,43	470.368,47	20.158,65	2.547,57	620,26

* Kosten für Bodenaustausch in Höhe von DM 97.764,-

** ohne Spielgerät

5.9 Konstruktionszeichnungen

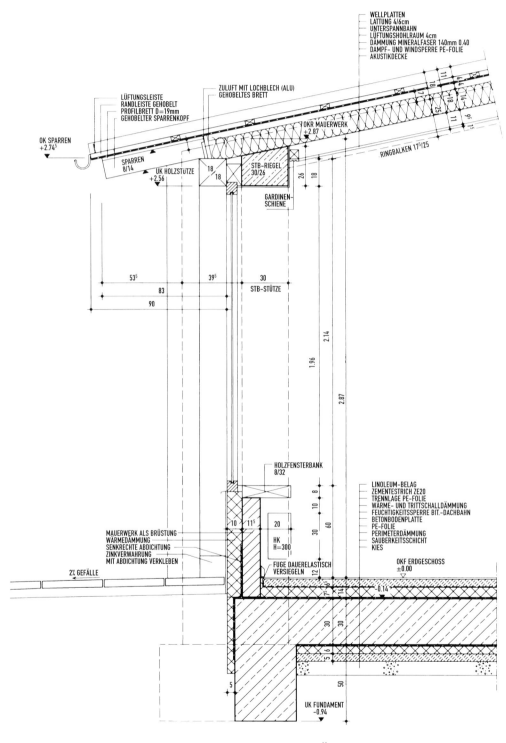

FASSADENSCHNITT GRUPPENRÄUME

5.9 Konstruktionszeichnungen

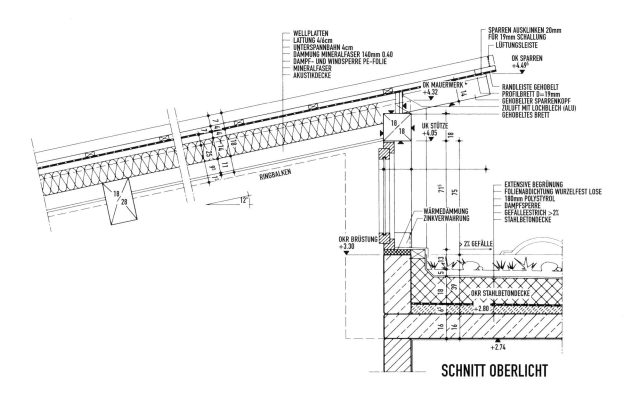

SCHNITT OBERLICHT

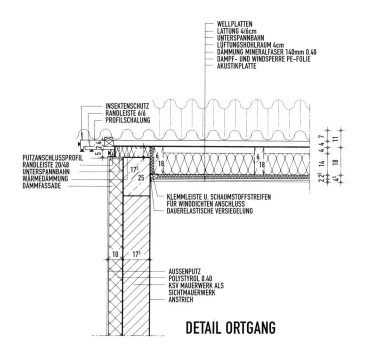

DETAIL ORTGANG

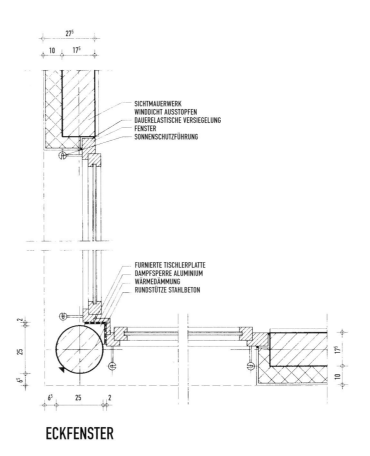

ECKFENSTER

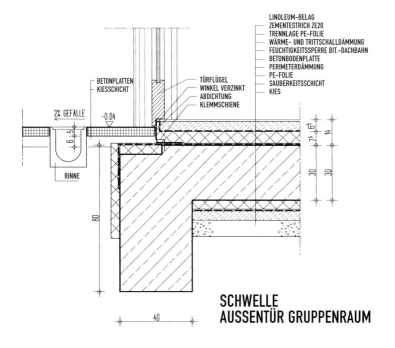

**SCHWELLE
AUSSENTÜR GRUPPENRAUM**

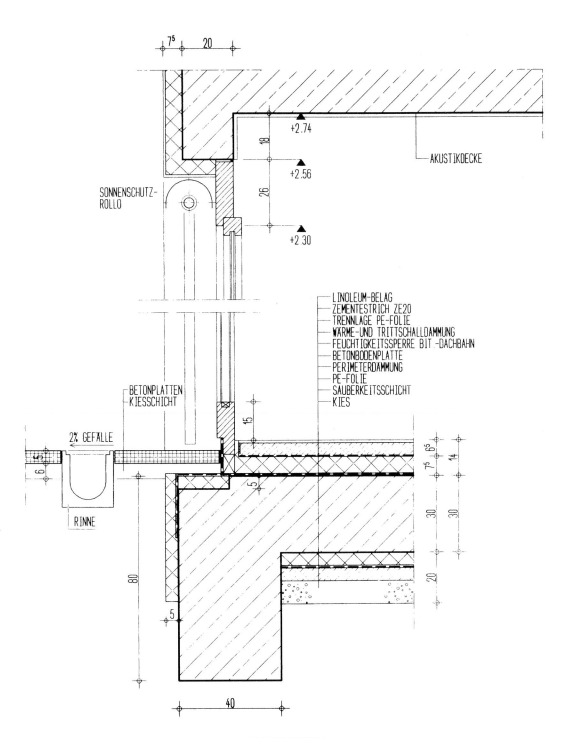

FESTSTEHENDE VERGLASUNG MIT SONNENSCHUTZ

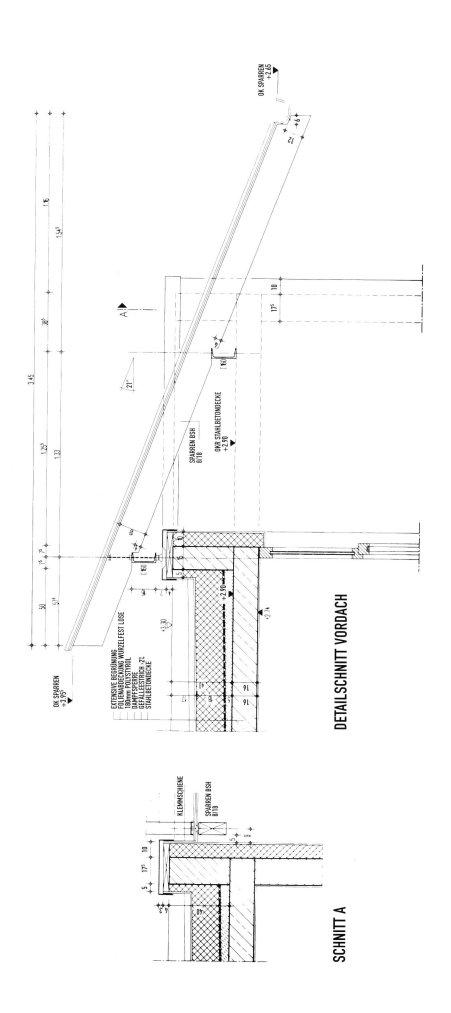

5.9 Konstruktionszeichnungen

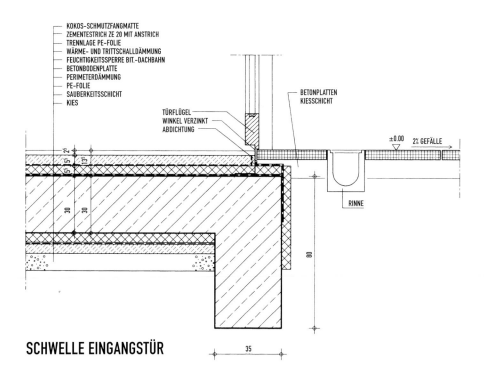

SCHWELLE EINGANGSTÜR

Literaturverzeichnis

[1] Arbeitsgruppe »Staatlich geförderter Hochbau der obersten Baubehörde im Bayerischen Staatsministerium des Inneren«: »Information Kindergärten Planen und Bauen«, München 1994

[2] Architektenwettbewerbe AW 165: »Kindergärten, Kindertagesstätten«. Karl Krämer Verlag, Stuttgart und Zürich 03/1996

[3] Senatsverwaltung für Schule, Jugend und Sport: Ausführungsvorschriften über das Anmeldeverfahren, die Planung und den Nachweis von Plätzen in Tageseinrichtungen und Tagespflege (AV – Kita Verf.)
ABL Nr. 17 129.3.96 S. 1092

[4] Vorlage über Planung und Bau von Wohnungsnahen Kindertagesstätten, Anlage VII zur Drucksache 11/1366 des Abgeordnetenhauses von Berlin

[5] Gesetz zur Förderung und Betreuung von Kindern in Tageseinrichtungen und Tagespflege (Kinderbetreuungsgesetz–KitaG) vom 19.10.1995, Gesetz und Verordnungsblatt für Berlin, 51. Jahrgang, Nr. 60, 27.10.1995

[6] BKB Baukostenberatung der Architektenkammer Baden-Württemberg, Kosteninformationsdienst der Architektenkammer Nordrhein-Westfalen, Kosten im Hochbau, Kindergärten. Stuttgart 1994

[7] Bauministerium für Familie, Senioren, Frauen und Jugend: »Tageseinrichtung für Kinder 1994« – Bundeswettbewerb

[8] Bundesstadt Bonn: »Neue Kindergärten in Bonn«, Beiträge zur Stadtentwicklung, Stadtplanung und zum Bauwesen, Nr. 8, 02/1996

[9] »Merkblatt Spielgeräte in Kindergärten«, GUV 26.14, Ausgabe 01/1992

[10] »Mehr Sicherheit bei Glasbruch«, GUV 56.3, Ausgabe 01/1994

[11] »Merkblatt Empfehlungen für die Gestaltung und Anordnung von Heizkörpern in allgemeinbildenden Schulen und Kindergärten«, GUV 26.8, Ausgabe 04/1978

[12] »Merkblatt für Fußböden in Arbeitsräumen und Arbeitsbereichen mit Rutschgefahr«, GUV 26.18, Ausgabe 04/1994

[13] Guarda, Manuel: »Der Kindergarten«. Herausgeber: Architektenkammer Hessen. Verlag Ernst und Sohn, Berlin 1996

[14] Deutscher Städtetag, Drucksache M 2725 für die 128. Sitzung des Sozialausschusses

[15] Eigenunfallversicherung der Stadt Köln: »Richtlinien für Kindergärten – Bau und Ausrüstung«, GUV 16.4, Ausgabe 10/1992

[16] Evangelischer Stadtkirchenverband Köln »Liste umweltverträglicher Baustoffe«, Köln 1996

[17] Hauptberatungsstelle für Elektrizitätsanwendung – HEA – e.V.: »Handbuch Niedrigenergiehaus 1993«. Energieverlag GmbH, Heidelberg

[18] Kirchenzeitung für das Erzbistum Köln, Ausgabe 09/1997

[19] Landesamt für Datenverarbeitung und für Statistik NW Gemeinde Rösrath, Umsetzung des Rechtsanspruchs, Stand 07/1996

[20] Landesamt für Versorgung und Soziales des Landes Sachsen-Anhalt, Abt. 4, Landesjugendamt: »Bauliche Richtlinie für Sachsen-Anhalt«, Magdeburg 1994

[21] Landesinstitut für Bauwesen und angewandte Bauschadensforschung NRW: »Bauteilkosten im ökologisch orientierten Bauen« – Bearbeiter: Gruppe Haus- und Stadterneuerung Aachen, Schmitz, Schilling, Conen, Aachen 11/1994

[22] Ministerium für Arbeit, Gesundheit und Soziales des Landes NW, Mitteilung an die Mitglieder des Ausschusses für Kinder, Jugend und Familie vom 22. 08. 1996

[23] Ministerium für Soziales und Gesundheit, Thüringen, Referat Presse und Öffentlichkeitsarbeit, Erfurt 1995

[24] Reidenbach, Michael: »Kommunale Standards in der Diskussion: Setzung und Abbau von Standards am Beispiel der Kindergärten«, Beiträge zur Stadtforschung 22, Deutsches Institut für Urbanistik, 1996

[25] Rheinisch-Bergischer Kreis, Kreisjugendamt, Jugendhilfeplanung: »Tageseinrichtungen für Kinder«, Bestandsliste zum Kindergartenjahr 1996/97, 11/1996

[26] SABADY, Pierre Robert: »Wie kann ich mit der Sonne heizen?«. Helion Verlag, Zürich 1993

[27] Schmitz/Gerlach/Meisel: Baukosten 95/96, Preiswerter Neubau von Ein- und Mehrfamilienhäusern. Wingen Verlag, Essen 1995

[28] Stadt Köln: Leistungsbeschreibung (privater Anbieter) für den Neubau und die Ersteinrichtung von Tageseinrichtungen für Kinder

[29] Stadt Köln, Oberstadtdirektor: Kindergartenplan 1996

[30] Tomm, Arwed: »Ökologisch Planen und Bauen«. Vieweg Verlag, Wiesbaden 1994

[31] Tu was: Ökologische Verbraucherberatung Mainfranken e. V.: »Ökologisch bauen, aber wie?«. Werner Verlag GmbH, Düsseldorf 1995

[32] Wiesner/Kaufmann/Mörsberger/Oberloskamp/Struck: SGB Viii, München 1995, S. 13378 ff.

[33] Schelhorn, D.: Kindertagesstätte Made Juchacz, Gießen Verlag, 1994

Abbildungsnachweis:

Quellen sind teilweise unter den Abbildungen vermerkt.

Die Fotos auf den folgenden Seiten wurden erstellt von BREBECK PHOTOGRAPHIE KÖLN: 45, 47 (unten), 48, 53 (oben), 69, 81, 83, 84 (oben), 85 (unten), 89, 90, 91, 96, 98, 99, 102, 103, 121, 122 (unten), 123 (unten), 124, 130, 131, 133 (unten rechts), 135 (oben), 139 (oben), 141, 143.

Die übrigen nicht gesondert gekennzeichneten Fotos und Zeichnungen wurden von den Autoren erstellt.

Stichwortverzeichnis

A
Abschreibung 35 ff., 42
Anforderungen 31
Anlageform 35
Anspruchsberechtigte Kinder 13
Architekten- und Investorenwettbewerb 25
Auslobungsverfahren 23
Außenanlage 22, 37, 40, 49, 65 f., 104, 117 ff., 143
Außenbauteile 73
Außenlärm 72 f.
Außenspielfläche 17, 30, 34, 44, 49, 82, 104, 143
Ausstattung 19, 31, 43, 53, 79
Auswahlverfahren 31

B
Bauaufsichtsämter 68
Baubeschreibung 34, 132 ff.
Bauen im Bestand 21
Baukonstruktion, tragende 68
Baukörperform 52
Baukosten 15, 22, 37, 40
-, Kennwerte 147
Baulücke 16, 24, 26
Bebauungspläne 16
Bedarfsplanung 13 f., 16, 35, 124
Bestandsaufnahme 52, 78
Betriebskosten 57
Bindungszeitraum 39
Bodenbeläge 63 f, 76, 87, 120
Bonner Modell 54
Brandschutz 68 f., 89, 131
Brüstungen 80, 113
Bundesverband der Unfallversicherungsträger 62 ff.

C
Checkliste 78 ff.

D
Dach 71, 76, 82, 92, 131, 133
Dämmstoffdicke 77 f.
Darlehen 35 f., 38
Decken 87, 91, 95, 98
DIN-Normen 37, 68, 72 f., 75, 84, 91, 104, 105

E
Eigenhilfe 53
Eigenkapital 19, 35
- /Eigenleistung 37, 40
Einbruchschutz 59
Einkommensteuer 36, 42

Einkünfte 42
Einsparmöglichkeiten 52, 57, 60
Elektroinstallation 95, 97
Eltern 19, 21, 52
Energie 27, 57 f., 70, 75 f., 82, 96, 130
Entschuldung 39
Erbpacht 20, 126
Ersatzbau 22
Ersatzbeschaffung 43

F
Fallhöhe 67, 111, 113
Fenster 64, 73, 75 f., 80 ff.
Feuchträume 87
Finanzierung 35 f., 38, 43
Flächen 16, 30, 34, 44, 46, 52, 73 f.
Fluchtwege 69
Folgekosten 19
Fremdfinanzierung 35, 37, 40
Funktionen, Austauschbarkeit 22, 56

G
Gebäude
- besonderer Art oder Nutzung 68
-, gemischt genutzte 22, 36, 40
Gebietskörperschaften 18, 20
Gemeinde 18, 22, 62
Gemeinnützige Träger 19, 21
Genehmigungsbehörde 125
Gesundheitsschutz 66, 104
Gewerbe- oder Industriegebäude, aufgegebene 16
Gewerbeaufsichtsämter 62
Grundstück 35, 37, 40, 52 f., 78, 124
Gruppen 15, 44, 46 f., 52
Gruppenraum 30, 34, 44 ff., 128, 137

H
Hauptlaufrichtungen 109
Heizenergiekosten 57
Heizung 58, 97
HOAI 19, 37
Hort 13 ff., 46 f.

I
Ideenwettbewerb 19
Indexierung 37 ff., 41 ff.
Inflation 36, 41
Infrastruktur 16
Initiator 124
Innentemperatur 75
Innenwandbekleidungen 82, 86
Installation 96
Instandhaltung 38 f., 41
Instandsetzung 22, 116

Investitionen 20, 23, 39 f., 52, 57
Investoren 21, 31, 125
- modell 20, 126
- wettbewerb 23

J
Jahresheizwärme 57, 75, 77
Jugendamt 10, 14, 20

K
Kapitalrendite 42
Kinder
- betreuung 44
- küchen 102
- sicherung 66
- toilette 47, 92
- und Jugendhilfegesetz 10
- zahlen 15
Kindergarten 16
- gruppe 46 f.
- platz 10, 15
- platz, Rechtsanspruch auf 10
- und Hortkinder 14
Kirchliche Träger 18 f., 20
Klimaschutz 71
Kombinierte Einrichtung 14, 32, 56
Kommunaldarlehen 19
Kommunale Träger 18, 20
Konstruktionen 53, 80 ff.
Kosten 19, 37, 50 f., 53, 131, 145
Kreise als Träger 10, 18
Krippen 13 f., 44
Küchen 30, 34, 48, 94, 100, 141

L
Landesbauordnungen 68
Landesjugendämter 46
Landschaftsbehörde 71
Lärmschutz 72 ff.
Liquidität 35 f., 39, 42 f.
Lüftung 71, 73, 80

M
Mehrfachnutzung 53
Mehrgeschossige Bauweise 22
Mehrzweckraum 45, 48, 141
Miete 19, 27, 31, 36 ff., 39 ff.
Mietvertrag, Absicherung 21
Monostrukturierte Einrichtungen 15

N
Nachfrageschwerpunkt 14 f.
Nebenkosten 37 f., 40
Neubau im Bestand 21
Niedrigenergiehaus 76 f.

Notausgänge 69
Nutzfläche 40, 144
Nutzungen 22, 43, 46, 52, 94, 130

O
Oberlicht 64, 85, 137
Öffentlich geförderte Wohnungen 24
Öffentliche Haushalte 19
Öffentliche Träger 18, 20
Ökologie 27, 70
Optimierung 19, 52, 57

P
Pachtvertrag 43
Pädagogische Zielsetzungen 23, 44, 78
Personal 15, 20, 34, 48, 128
Photovoltaikanlagen 71
Planungsrecht 35, 78
Prognosezeitraum 41
Projektdaten 126 ff.

R
Rahmenplanung nach dem Kinder- und Jugendhilfegesetz 19
Rasenfläche 49, 69, 104, 111 f.
Raum
- akustik 74
- gestaltung 47
- größe 46
- klima 70
- programm 15, 23, 31, 44
- wirkung 86
Realisierungswettbewerb 23 f.
Rechtsanspruch auf einen Kindergartenplatz 16, 18, 20 f.
Regenwassernutzung 58, 71, 94
Renovierung 43
Rentabilität 35 f.
Reparaturen 43, 59
Rettungswege/Treppen 68
Richtlinien 27, 35, 44, 62
Rückmietung 22

S
Sachversicherer 68
Sandflächen 49, 65, 104, 112, 120 f.
Sanierung bestehender Einrichtungen 21 f.
Sanitärinstallation 46 f., 64, 92
Schadstoffe 70
Schall- und Lärmschutz 22, 72 ff., 81, 87, 95, 123
Schaukeln 67, 108 f., 114
Schlaf-/Ruheraum 45, 47
Schularbeitsraum 47

Schutzverkleidungen 82
Sicherheitsbereiche 67, 108
Sicherheitsglas 59, 64, 66
Sichtmauerwerk 86
Solaranlagen 58, 70
Sonnenschutz 71, 76 f., 82 f., 118 f.
Sonstige Trägerschaft 18
Soziale Infrastruktur 27
Sparzwänge 45
Spielebenen 65, 91
Spielfläche 43, 104
Spielgeräte 67, 105 ff.
Sprung- oder Fallrichtung 108
Stadtstruktur, Einbindung 26
Stadtteile/Siedlungsgebiete, Ausweisung 16
Städte als Träger 18
Städtebau 16, 27, 78
Städtisches Bauamt 19
Standards 19, 43, 46
Stellplätze 40
Steuern 18, 22, 36 ff., 41 ff.
Stoßdämpfung 65, 67, 110

T
Tageseinrichtungen 13 f.
Teiche/Biotope 66, 117
Therapieraum 47
Tilgung 35, 37 ff., 40 ff.
Toiletten/Waschräume 66, 85, 92 f.
Toranlagen 122
Träger 20, 125
- als Bauherr 19
- der Jugendhilfe 10, 18
-, freie 18
-, kirchliche 19 f.
-, kommunale 20
-, öffentliche 18, 20
-, sonstige 18
Tragkonstruktion 133
Treppen 89 f.
-, Außen- 90
-, Einzelstufen 63 f.
-, Geländer 113
-, Handläufe 65, 89
-, Innen- 90
- /Podeste 88
- /Rettungswege 68
-, Stufen 64, 89 f.
Türen 64, 69, 80, 82, 84 f.
Turn- und Gymnastikräume 87
Typenentwürfe für Kindergärten 54

U
Übergabeprotokoll 43
Überschüsse, liquide 38 f., 41
Umbaumaßnahmen 43
Umnutzung vorhandener Gebäude 16
Umwandlung
- anders genutzer Flächen 21
- in Wohnraum 39
Umwehrungen 65, 91, 113
Unfallschutz 62, 82, 86, 104, 131
Untergrund 66, 110
Unterhaltungskosten 59
Unterrichtsräume 73
Untervermietung 43

V
Veräußerung 36
Vergabe, freihändige 23
Vergleichsangebote 31
Verkehrsanbindung 78
Verkehrsflächen 45
Verlängerungsoption 36
Verletzungsgefahren 114 f.
Vermietung/Verpachtung 19, 35, 43
Vermögensbildung, -zuwachs, Alterssicherung 36, 43
Versorgungssituation 11 ff., 14
Vertragslaufzeit 21
Vorprüfung 23

W
Wände 64, 70, 82, 86, 123
Wärme
- dämmung 57, 77, 82
- durchgangskoeffizient 76 ff.
- eindringkoeffizient 76
- gewinne 75
- leitfähigkeit 77
- schutz 57, 70, 75, 81, 87
Warmwasserversorgung 58, 95
Wartung 59, 116
Wasser 49, 66, 93, 95
WC 30, 34, 85, 93
Werkraum 30, 49, 93, 129, 139
Wettbewerbe, Grundsätze und Richtlinien 23, 31
Wiederveräußerung 36
Wirtschaftlichkeit 20, 27. 36 ff.
Witterungsschutz 82
Wohlfahrtsverbände 19

Z
Zäune 122
Zinsen 35, 37 ff., 40 ff.
Zweigeschossige Bauweise 32

Erfolg braucht eine starke Basis!

Liebe Leserin, lieber Leser,

mit diesem Band haben Sie ein Werk erworben, das Ihnen fundierte Kenntnisse über ein Spezialgebiet der Planung und Investition vermittelt.

Gern ermöglichen wir Ihnen mit anderen Werken unseres Verlages, Ihre Kenntnisse in Spezialgebieten zu vertiefen bzw. Ihre Arbeit zu erleichtern.

Als **Architektin/Architekt** haben Sie in der **täglichen Praxis** mit

- **der Ausführungsplanung im Detail**
- **der Kostenplanung**
- **der Vergabe und**
- **der Bauleitung**

zu tun.

Ihre Auftraggeber stellen immer höhere Ansprüche, die Konkurrenz schläft nicht, und der Gesetzgeber läßt sich ständig etwas Neues einfallen. Darum wird es immer wichtiger, alle notwendigen Informationen schnell und praxisnah zu erhalten.

Die folgenden Bände sind ein paar Beispiele aus unserem Buchangebot, mit denen wir den Gesetzesdschungel für Sie durchschaubarer machen:

Bernhard Rauch:
Architektenrecht und privates Baurecht für Architekten,
ein Handbuch mit zahlreichen Beispielen aus der Praxis

Rainer Eich:
HOAI, Textausgabe '96 mit Kurzkommentar und Interpolationstabellen,
die rechtliche Grundlage für Ihre künftige Honorarermittlung

Werner/Pastor/Müller:
Baurecht von A–Z,
ein Lexikon des öffentlichen und privaten Baurechts

Wie man langfristig eine gute Auftragslage sichert, erfahren Sie in dem Werk:

Adolf-W. Sommer:
Auftragsbeschaffung für Architekten und Ingenieure
mit neuen Ideen, bewährten Methoden und Konzepten sowie anschaulichen Beispielen für die Praxis.

Sichere Planung
effektive Vergabe
professionelle Bauleitung

Sie suchen für alle Bereiche Ihrer täglichen Praxis solide Informationen und strukturierte Arbeitsmittel, die Ihnen helfen, optimale Arbeitsergebnisse zu erzielen.

Sie finden in der Verlagsgesellschaft Rudolf Müller Bau-Fachinformationen GmbH, dem Fachverlag für Architekten und Planer, zu diesen Themen

- **Bücher**
- **Loseblatt-Werke**
- **Formulare und Checklisten**
- **Elektronische Medien**

als wertvolle Unterstützung zum Erreichen Ihrer Ziele.

Bestellen Sie unser ausführliches Verzeichnis für Architekten und Planer. Schreiben Sie uns, oder rufen Sie uns einfach an.

Ihre

Verlagsgesellschaft Rudolf Müller
Bau-Fachinformationen GmbH & Co. KG
Stolberger Straße 76
50933 Köln

Tel. (02 21) 54 97-127
Fax (02 21) 54 97-130